培养
纯粹的
门徒

一本帮助您在小型团体、家庭教会及短期传教旅行中培养门徒,并能带动植堂运动的手册。

《培养纯粹的门徒》

一本帮助您在小型团体、家庭教会及短期传教旅行中培养门徒，并能带动植堂运动的手册。

作者：丹尼尔• B•兰卡斯特 博士

出版社：T4T出版社

初版：2011

版权所有，翻版必究。未经作者书面同意，本书任何内容均不得以任何形式或经任何电子和手工途径复制和传播，包括复印、记录或通过任何信息存储系统传播，除非在针对本书的评论中简要引述部分内容。

版权所有：2011丹尼尔• B•兰卡斯特

出版书号：ISBN 978-0-9831387-6-1

本书中所有圣经引述，除非特别注明，均引用自《圣经-新国际版®》，简写为NIV®，版权所有©1973、1978、1984"国际圣经协会"。经Zondervan 出版社同意后引用。版权所有，翻版必究。

标注（NLT）的圣经引述摘自《圣经-当代版》，版权所有©1996、2004，经"Tyndale House出版股份有限公司"（威顿，伊利诺伊州，60189）同意后引用。版权所有，翻版必究。

标注（NASB）的圣经引述摘自《圣经-新美国标准版®》，版权所有© 1960、1962、1963、1968、1971、1972、1973、1975、1977、1995"乐可门基金会"。版权所有，翻版必究。

标注（HCSB）的圣经引述摘自《圣经-霍尔曼基督教标准版®》，版权所有© 2003、2002、2000、1999"霍尔曼圣经出版社"。版权所有，翻版必究。

标注（CEV）的圣经引述摘自《圣经-当代英文版》，版权所有©1995"美国圣经公会"。经同意后引用。

"美国国会图书馆"在版编目数据：

丹尼尔 •B•兰卡斯特

《培养纯粹的门徒》：一本帮助您在小型团体、家庭教会及短期传教旅行中培养门徒，并能带动教会繁殖运动的手册，/ 丹尼尔• B•兰卡斯特。

包含书目文献参考。

书号ISBN 978-0-9831387-0-9

1. 《信主培训：基础门徒训练-美国版》。I. 标题

荐言

"我们永远需要那些既有实践经验又有奉献精神的作者所撰写的研究传播教义和繁殖教会的书籍。《信主培训》就是这样一套书。它将耶稣的策略简化以使之触及当今世界各国。

本书的作者不仅是一位理论家,更是一个开拓者。读懂这本由经验丰富的传教士丹·兰卡斯特撰写的书,您的心灵将更富有。"

Roy J. Fish
荣誉退休教授西南浸信会神学院

"你是否在寻找一些实用的教材,好让你能在任何文化背景的群体中将探索者和新信徒发展为门徒?那么你需要这本书!

这本三天就能学会的门徒训练手册如此简单易用,任何新门徒将能用之来培训其他人,比如把耶稣的拥趸转变为其坚定使徒。丹·兰卡斯特将他无数的经验、最佳实践案例结合《圣经》铸成此利器,我将随身携带。"

Galen Currah
Paul Timothy培训机构巡回顾问
www.Paul-Timothy.net

"这个门徒训练教程包含既清晰又可重复使用的教学方法,从让新信徒全面理解和掌握基本信仰的方方面面,到如何与别人分享他们所学,提供了行之有效的教学框架。"

Clyde D. Meador
执行副会长
美南浸信会-国际传教会

"在美国我已使用此教材培训了数以百计的传教领导者,得到的反馈永远只有两种:'这真简单'和'真希望早几年就学会这教程'。这套教材内含真知灼见,可复制性强、实用、经得起验证、效果显著,能培训门徒并使之教化他人。我全心全意推荐这套教材!"

Roy McClung
传教士/顾问
www.MaximizeMyMinistry.com

"这是一套植堂运动的问答教学法。这套简单易行的实用教材内含便于复制的教学流程,为有效大量培植门徒提供了基本框架。教材内包括丰富的培训技巧,含金量高且实用性强。"

Curtis Sergeant
全球策略副总裁
E3 Partners Ministry
www.e3partners.org

"《信主培训》第一册-'培养纯粹的门徒'是一件门徒培训的实用利器,可帮助全球各地的初信者奠定他们对耶稣的信仰基石。它教导信徒们用全部心灵、灵魂、思想和力量去爱上帝。它同时也提供给新信徒以及更多成熟的信徒们工具,使他们能互相沟通基督之爱的真谛。

从接受此教材培训的那一刻起,学习者们开始关注这个迷惘又消亡的世界。培训师教会学员们与他人分享自身体验,关于他们是如何借由耶稣之光探索黑暗世界。这本教材实用、好用、大胆创新又与《圣经》紧密契合。"

Gerald W. Burch
荣誉传教士
美南浸信会-国际传教会

"丹•兰卡斯特提供给我们一个简单的、符合《圣经》的以及可以复制使用的方法来倍增基督的信徒。你还在寻找什么呢？丹使用耶稣的八副画像来帮助信徒们在主内成长。这些法则经受过严酷的传教实战考验，定能给你带来帮助。"

Ken Hemphill
"基督国度增长"全国策略师
作家、演讲家、成长顾问
"福音传道及教会增长"教授

"我曾在菲律宾使用此教材，我酷爱这套教材因为它很有用。我曾问我的学员们为什么他们喜欢这套教材，他们回答：'因为我们用此培训过的人可以去培训别人！'这就是这些简单课程背后的价值……它们是可以复制使用的。

我们曾目睹不同文化层次的人们，例如律师、医生、陆军上校、商人、寡妇、甚至守门人等运用这套教材来培训他人，并推广开去。"

Darrel Seale
菲律宾传教士

"作为一个在泰国城市及乡村拥有超过30年经验的专职植堂人员，我目睹过太多"萎缩的教会"。他们多数的灵性养分持续依赖于外来的领导者。导致这一现象的主要原因是由于那些最初来开创教会的人员使用的是西方化的培训方法，而这些方法并不适合让泰国信徒们复制使用。这些教会中鲜少有能够自身繁殖的。他们从成立那天就已经被削弱了力量！

这本培训教材授予我们两个关键因素来确保神之道在信徒中的传承：简单性及可复制性。"

Jack Kinnison
荣誉传道士
美南浸信会-国际传教会

"耶稣说若有人要跟从他，就当'舍己，背起他的十字架，来跟从他'。作为教师、牧师、神父以及传教士，丹·兰卡斯特深刻认识到培养门徒的需求是基本及不可替代的。此教程宝贵且具战略性，对于偏远乡村和大学课堂同样适用。

培养召集门徒是全球化的举措，而兰卡斯特博士则创建了这套工具，它适用并可在任何文化背景下实施和复制。《信主培训》一书运用简单可靠的教学方法，使门徒培训变得有趣又难忘。《信主培训》是门徒们所需的完整教程：它符合《圣经》、可复制、实用性强且能倍增培训者。"

Bob Butler
Country Director
Cooperative Services International
柬埔寨-金边

"丹·兰卡斯特博士不仅认真地研究了四福音书，同时也研究了文化。他提供了我们一套简单可行的教程，帮助人们跟随耶稣的脚步在主内成长，而不是程式化地'完成一个项目'。这套针对家庭教会的流程是以基督为中心并以门徒为对象的。我大力推荐这套教程，并祈祷它能创建家庭教会文化，同时也能在北美地区的传统教会内传播盛行。"

Ted Elmore
祷告策略师/场部策略师
美南浸信会德州分部

目录

第一部分
基本要素

第二部分
培训
    欢迎   41
    倍增   49
    爱   61
    祷告   71
    遵从   83
    前行   97
    去向   111
    分享   121
    撒种   133
    行动   143

第 三部分
参考文献
    进一步研究   153
    附录一   155
    附录二   157
    附录三   167

前言

"……凡我所吩咐你们的，都教训他们遵守。"

"大使命"中这些结束语在今天对我们的重要性和挑战性与2000年前基督第一次讲这些话时并无不同。遵守基督所吩咐的事究竟是指什么呢？使徒约翰告诉我们，如果我们需要把耶稣所讲所做的每一句话都记录下来，那将会填满世界上每一本书的页面（《约翰福音》21章25节）。当然，基督的思想更为简明扼要。在《信主培训》的第一部分，以"培养纯粹的门徒"为副标题的内容中，丹·兰卡斯特从四福音书中精炼了耶稣的八副画像，可使基督的信徒在仿效中成功转变为一个像基督一样的门徒。

在《培养纯粹的门徒》一书中，丹的目的不止是要写一本关于培养门徒的书。丹着眼于创造如何倍增门徒的方法。他花费了四年时间锤炼、测试、评估和改进这个门徒教程，直到他确信这个教程不仅能把新的信仰者改变成像基督一样的门徒，而且能使受过培训的门徒转变成合格的门徒培训者。

在开发了这个门徒培训系统后，兰卡斯特博士为全世界的基督信徒们把这些课程浓缩成一个容易上手，便于复制使用的形式，适用于世界上任何不同的文化背景。《培养纯粹的门徒》一书对于帮助全世界的信徒永不停息地追随基督身影以及发展门徒来壮大基督王国作出了巨大的贡献。

在这个瞬息万变的时代，培训门徒并不容易。但是这并非不可能，也是我们必须要做的。当你沉浸入丹·兰卡斯特的《培养纯粹的门徒》一书，一个基督门徒以及门徒培训师将会与你同行，引领你在绝对正确的道路上前行。

10 培养 纯粹的 门徒

大卫·加里森
于泰国-清迈
《成立教会：上帝是如何拯救一个迷失的世界》作者

感谢信

首先感谢美国的三个教会的教友们：德州汉密尔顿的基督徒教会（乡村教会）、坦普尔的新公约教友教会（以门徒培训为导向的教会）、和刘易斯维尔的高地教友会（城郊教会）。这三个教会在十五年前就已经开始《信主培训》课程。在这些年里，我们见证了信主培训的内容从四幅画像扩展到七幅，最终到八幅基督画像。在此过程中我们共同经历了很多，而如今你们的爱和祈祷已在全国播下种子。

东南亚许多国家的教友帮助我们精炼和把《信主培训》推向全球。出于安全考虑，我不能写出他们名字。其中尤其有一个三人团队协助我们进行了培训实战效果测试，并且还在继续培养门徒，传承培训。

感谢那些培训活动的参与者，在东南亚的四年发展进程中，他们给予了真诚的支持、反馈和鼓励。他们的帮助大大提高和改善了培训活动。

我们每人都从导师们的悉心教诲及他们的生活智慧中受益匪浅。我要感谢罗尼·卡帕斯牧师，罗伊·费许博士，克雷格·盖瑞斯牧师，大卫·盖瑞森博士，埃尔文·麦卡恩博士，迪伦·罗曼牧师，和汤姆·沃夫博士，感谢他们对我这个耶稣门徒的指导。

还要特别感谢乔治·帕特森博士和伽林·卡如博士，感谢他们在这个培训中积极参与。

最后，我要感谢来自家庭的支持和鼓励。我的孩子们，杰夫、扎克、卡利斯、和赞恩，他们始终是我信心、希望和爱的源泉。

我的妻子赫利曾多次阅读手稿并提供意见。从她主导的培训研讨会中，她提出了很多好点子，并且在过去的15年里，对于许多锤炼而成的理念，她持续给出反馈和建议。

上帝保佑我们继续发展更多有激情的心灵领导者，并治愈这个世界！

丹尼尔·B·兰卡斯特博士
于东南亚

介绍

欢迎阅读《信主培训》的第一册《培养纯粹的门徒》！神将保佑并厚待你，因你追随神子的脚步。在你跟随耶稣去教化福音未得之群体时，你的所作所为能开花结果，收获百倍。

这本手册以耶稣对于触及世界的筹划为基础，是一个完整的培训体系。它是在北美和东南亚多年的研究和测试的结果。这个体系不是理论性的，而是可实践的。在你行使神之使命时运用此教程，将会大大改变世界。我们已经成功了，你也能做到。

自我们在美国建立一个乡村教会和城郊教会后，我们感到需要去东南亚引导和培训领导者。我曾经在美国做过十多年的植堂人员，同时也教导过很多植堂人员。把福音带到海外，在海外做同样的事情会有多难呢？于是我们心怀傲慢和远大理想启程前往目的地。

在那里，我一边学习语言，一边和当地伙伴开始了培训工作。一开始我们做的是关于门徒培养和植堂的一周培训课程。一般来说，这类培训会吸引大约四十到五十个学员参与。他们高度评价这些课程并时常表达他们的感激之情。然而困扰我的是，显而易见，他们并不把自己所学分享给他人。

在美国，你可以不用管他们是否再去培训别人，因为西方文化的核心中包含（或曾经包含）对《圣经》基本的理解，即使那些不信主的迷失人群也知道《圣经》。然而在东南亚，不信教的人就不知道《圣经》。在美国，你可以指望这个人也许会遇到另一个基督徒来影响他们。然而在东南亚，没有这种可能。

好吧，我们陷入窘境了。我们把我们觉得"好的内容"传授给那里的人，但是他们却不再继续往外传播。他们好像只是为了参加研讨会而来。实际上，由于我们在一周的培训期间免费向这些贫困国家的民众提供餐点，使得研讨会的结果完全变质了。而接下来发生的一切使我彻底震惊和羞愧。

在结束了一次培训之后，我在茶馆里坐下来，问了我的翻译一个简单的问题：

"约翰*，你觉得我们这周的培训内容，有多少这些受训者会真正去做，又有多少他们会去教给别人？"

约翰想了一会儿，我看得出他不想回答这个问题。在他们的文化中，一个学生绝对不能对老师评头论足，而他可能觉得我正在要求他评论我。经过我反复保证和劝解，他给了我一个回答，让我的世界整个颠覆：

"丹博士，对于您在过去的一周中所教他们的，我想他们会做到其中的百分之十。"

我很震惊，但是我极力掩饰不要表露出来。我接着问了他另外一个问题，由此拉开了之后两年半的工作序幕：

"约翰，你能告诉我你认为的百分之十是指哪些内容吗？我的计划是保留这百分之十，删除其它内容，然后改写培训内容，直到他们能完全照我们教他们的去做。"

约翰指出了他认为他们会确实去做的那部分内容。我们删除了其他内容，然后为下次培训重新组织内容。一个月之后，我们又做了为期一周的培训，之后，我问了约翰同一个问题：这些受训者会做多少？

> 约翰说："丹博士，这次我很确信他们会做您所教授的内容的百分之十五。"

我瞠目结舌。约翰不知道的是，我从之前一个月开始就重新组织培训内容，并加入了在美国做牧师和培养其他植堂人员期间所学到的"精华中的精华"。我把毕生所学倾注到那次研讨会，然而那些学员却只愿意去做其中的百分之十五！

之后两年半中，我们一直在不断精炼和发展《信主培训》教程。每一个月，我们举行一次为期一周的研讨会，研讨完成之后有一个反馈环节。所有的努力都致力于回答一个问题：我们所教授的课程，学员们会去做（或正在做）的有多少？

到第三个月，这个数字增长到了百分之二十，下一个月，增长到百分之二十五。有时好几个月我们没有任何进步，有时却会飞快进步。然而在整个的发展过程中，一个清晰的规律渐渐浮出水面。我们越是教学员们去学习耶稣的行为，他们就越是可能去传播所学。

我仍然记得那一天，约翰和其他当地门徒告诉我，学员们做到了培训内容的百分之九十。我们早就舍弃了西方式教学、东方式教学、博士培训课程和所谓经验，学会了只跟随耶稣的行为去做。

这就是《信主培训》这套教程的由来。《培养纯粹的门徒》是一个容易上手的培训体系。有了它，信徒们得以遵从耶稣筹划的五步骤，将信仰传播到《四福音书》、《使徒行传》、《使徒书简》和教会历史中所提及的众多国度。培训的目的是促使转变而不是灌输知识。因此，课程只是为关键信念和真理"播种"，同时这些课程又很容易复制使用。这套教程本着"星星之火可以燎原"的信念准则，使信徒们转变为基督热情的追随者，并影响他人。

请你按此教程去教授，不要改动任何内容（除非为适应当地文化背景做适当调整），至少做五次培训。想象整个课程开发团队都与你同行，指导你完成前五次的培训。《培养纯粹的门徒》一书的长远推动力只有在你按部就班地反复培训学员多次后才能显露。目前为止，我们已经使用此教材在美国和东南亚培训了数以千计的人（信徒与非信徒）。按照上述建议去做，避免重复别人已经犯过的错误！记住：聪明人从自己的错误中吸取教训；而智者从别人的错误中吸取教训。

　　在你开始阅读时，我们必须告诉你，《信主培训》不仅改变了我们，也改变了我们培训过的众多学员。愿神同样改变你的生活，甚至更多！

第一部分
基本要素

耶稣的筹划

耶稣对于如何触及各国的筹划分为五个步骤：主内成长、传播福音、培养门徒、从小组到教会、发展领袖。每个步骤都是独立的，但同时又以循环的方式增强其他步骤的功效。《信主培训》中的材料使得培训者们通过追随耶稣而成为植堂运动的催化剂。

《培养纯粹的门徒》一书主要专注于前三个步骤：主内成长、传播福音以及培养门徒。本书使学习者得以预见倍增的成效，并学会如何领导一个小组、祈祷、遵守耶稣的吩咐、以及在圣灵指引下前行（即主内成长）。学员由此学会无论身处何地都能追随上帝；他们学会了如何分享见证、播撒福音、以及构建信徒倍增的共同愿景（即传播福音）。完成这个教程则使学员们能够培养门徒（第三步）并据此建立小组。

学员如能坚持使用《培养纯粹的门徒》来培训他人，则可根据不同需求，继续使用《建立纯粹的教会》或《培训纯粹的领袖》来做进一步培训。《建立纯粹的教会》也是一套培训体系，帮助教会成功建立新小组及教会（耶稣的筹划第四步），由此开始植堂运动。《培训纯粹的领袖》则是为造就有激情、有灵性的领袖（耶稣的筹划第五步）而设置的课程，同时其终极目标也是兴起植堂运动。这两套教程同时探索耶稣的使命和方法，授予学员简单又可复制的工具来充分使用，并与他人分享。

下列经文证实了上文提及的耶稣使命中的五步骤。彼得和保罗的策略显示出他们是如何确实一步一步效仿耶稣的。《信主培训》则能让我们学会做同样的事。

耶稣

主内成长

--《路加福音》 2:52 - 耶稣的智慧和身量，并神和人喜爱他的心，都一起增长。

传播福音

--《马可福音》1:14, 15 - 约翰下监以后，耶稣来到加利利，宣传神的福音，说："日期满了，神的国近了！你们当悔改，信福音。"（NLT）

培养门徒

--《马可福音》 1:16-18-- 耶稣顺着加利利的海边走，看见西门和西门的兄弟安得烈在海里撒网，他们

本是打鱼的。耶稣对他们说："来跟从我！我要叫你们得人如得鱼一样。"他们就立刻舍了网，跟从了他。(CEV)

建立小组/教会

--《马可福音》 3:14, 15-- 他就设立十二个人，要他们常和自己同在，也要差他们去传道，并给他们权柄赶鬼。(NLT) (同时参见《马可福音》 3:16-19, 31, 35)

培训领袖

--《马可福音》 6:7-10-- 耶稣叫了十二个门徒来，差遣他们两个两个地出去，也赐给他们权柄，制伏污鬼，并且嘱咐他们："行路的时候不要带食物和口袋，腰袋里也不要带钱，除了拐杖以外，什么都不要带，只要穿鞋，也不要穿两件褂子。"又对他们说："你们无论到何处，进了人的家，就住在那里，直到离开那地方。" (同时参见《马可福音》 6:11-13)

彼得

主内成长

--《使徒行传》1:13, 14--进了城，就上了所住的一间楼房。在那里有彼得、约翰、雅各……这些人同着几个妇人和耶稣的母亲马利亚，并耶稣的弟兄，都同心合意的恒切祷告。 (NLT)

传播福音

--《使徒行传》 2:38, 39--彼得说："你们各人要悔改，奉耶稣基督的名受洗，叫你们的罪得赦，就必领受所赐的圣灵。(CEV)

培养门徒

--《使徒行传》 2:42,43--都恒心遵守使徒的教训,彼此交接、擘饼、祈祷。众人都惧怕。使徒又行了许多奇事神迹。(NASB)

建立小组/教会

--《使徒行传》 2:44-47--信的人都在一处,凡物公用,并且卖了田产、家业,照各人所需用的分给各人。他们天天同心合意恒切的在殿里,且在家中擘饼,存着欢喜诚实的心用饭, 赞美 神,得众民的喜爱。主将得救的人天天加给他们。 (NASB)

培训领袖

--《使徒行传》 6:3,4--所以弟兄们,当从你们中间选出七个有好名声、被圣灵充满、智慧充足的人,我们就派他们管理这事。但我们要专心以祈祷传道为事。"(NLT)(同时参见《使徒行传》6:5,6)

保罗

主内成长

--《加拉太书》1:15-17--然而那把我从母腹里分别出来、又施恩召我的神,既然乐意将他儿子启示在我心里,叫我把他传在外邦人中,我就没有与属血气的人商量,也没有上耶路撒冷去见那些比我先作使徒的,惟独往阿拉伯去,后又回到大马士革。

传播福音

--《使徒行传》14:21--(巴拿巴、保罗)对那城里的人传了福音,使好些人作门徒,就回路司得、以哥念、安提阿去。

培养门徒

　　--《使徒行传》14:22--坚固门徒的心，劝他们恒守所信的道，又说："我们进入神的国，必须经历许多艰难。"

建立小组/教会

　　--《使徒行传》14:23--巴拿巴和保罗二人在各教会中选立了长老，又禁食祷告，就把他们交托所信的主。

培训领袖

　　--《使徒行传》16:1-3--保罗来到特庇，又到路司得。在那里有一个门徒，名叫提摩太，是信主之犹太妇人的儿子，他父亲却是希腊人。路司得和以哥念的弟兄都称赞他。保罗要带他同去……

教会历史

　　在教会的发展史中，这五个步骤清晰可见。无论是圣本尼迪克特、圣法兰西斯、彼得·沃尔多及其教派门徒、雅各·施本尔及敬虔派教徒、约翰·卫斯理及卫斯理派教徒、乔纳森·爱德华兹及清教徒们、吉尔伯特·腾南特及浸礼会教徒、道森·陶曼及导航会教派教徒、比利·葛培理及现代福音主义、或是比尔·布莱特及学院传道会，同样的模式一再出现。

　　在《马太福音》16章18节，耶稣说："我要建造我的教会"。这个模式就是他建立教会的方式，而《信主培训》使得信徒能够将全部身心、灵魂、思想和力量投入到跟随耶稣中去。

培训培训师

这部分详述了如何以可复制的方式培训培训师。首先，我们会与你分享使用《培养纯粹的门徒》一书培训他人后会得到的成果。接着，我们会概述培训的流程，包括1）敬拜、2）祷告、3）学习以及4）练习等基于最大的诫命的步骤。最后，我们将给你几条我们在培训了千万人后得出的培训培训师的重要规律。

成果

在学完了《培养纯粹的门徒》之后，学员们将能够：

- 运用可以复制的培训流程，把基于季度的10节门徒培训课程教授给他人。

- 回想起描述耶稣跟随者的八副清晰图像。

- 领导一个小组开展简单的、基于最大的诫命的敬拜体验。

- 自信地向他人描述强有力的福音及见证体验。

- 具体描绘如何运用《使徒行传》29章中的地图来触及迷失的群体及培训信徒的设想。

- 建立门徒小组（他们中有些可能发展成教会）并培训他人也这样去做。

流程

每个环节都按照相同的模式开展。下列是流程的顺序及估计时间：

称颂

- 10分钟。

- 让其中一人开始这个环节，祷告祈求神对这个小组内所有人的指引和佑护。指定某人带领小组的一些赞美诗或颂歌合唱，可以选配乐器。

祷告

- 10分钟。

- 将学员分成两人一组，注意每组成员应该是之前没有合作过的。每个小组成员互相提问并回答下列两个问题：

    1. 我们应该怎样为我们认识的那些迷失的人们祈祷，才能让他们获救？

    2. 我们应该怎样为我们正在培训的小组祈祷？

- 如果某个学员还没有发展出自己的小组，他的同伴应该与他一起制定一个有可能被培训的朋友或家人的名单，然后和学员一起为这些名单上的人祷告。

学习

《信主培训》体系使用以下的培训流程：称颂、祷告、学习和练习。这套流程是建立在从31页开始的"简单敬拜"模式基础上的。对于《信主培训》手册内的十节课，相关的"学习"环节如下：

- 30分钟.

- 每个"学习"环节都从"回顾"开始。主要是回顾基督的八副画像以及由此掌握的课程内容。这部分培训结束后，学员应可以通过回忆背诵整个培训内容。

- "回顾"结束后，培训师或实习培训师把当前课程教授给学员，要强调让学员认真听，因为他们之后需要互相培训这部分内容。

- 当培训师讲述这部分课程时，应按照如下顺序：

    1. 提问；

    2. 朗读《圣经》；

    3. 鼓励学员回答问题。

    这个环节以神的旨意作为我们生活的指引，而不是培训师。经常会发生这样的情况，培训师提问，并给出答案，然后从《圣经》中寻找依据来支持自己的答案。如果按那样的顺序培训，则教师变成了权威，而神的旨意反而被忽视了。

- 如果学员没有正确回答问题，不要去纠正他们，而是要求学员大声朗读《圣经》相关段落，然后再次回答问题。

- 每节课都以背诵《圣经》段落结束。培训师和学员们一起站立并背诵《圣经》段落10遍，先讲出段落的位置，接着背诵《圣经》。在前6遍背诵中学员可以参考手中的《圣经》或者学生教材。后4遍需要小组一起背诵。整个小组完成10遍背诵后就座。

练习

- 30 分钟。

- 之前在"祷告"环节，培训师已经把学员两人一对分好组了。学员们的"祷告"分组就是他们在"学习"环节的分组。

- 每节课都有一个方法来选择两人组中谁是"领导者"。每组的领导者会先开始教学实践。培训师需要将如何选择领导者的方法告诉整个学习小组。

- 学员们模仿培训师的方法培训他们的组内伙伴。培训内容应该包括上节回顾和新课教授，并以背诵《圣经》段落结束。完成课程时，两人组应同时站立，背诵《圣经》段落后就座，使得培训师知道该组的实践已经完成。

- 当每组的第一人完成练习后，另一人开始重复上述整个过程，这样小组内的人都能练习培训过程。此过程中需要保证组内双方都没有跳过或省略任何步骤。

- 在学员练习过程中在教室内巡视，确保他们完全按照培训师的方式去做。如果学员没有模仿培训师的手势，则表示这次练习彻底不成功。必须重复强调学员需要完全仿照你的做法。

- 让学员找一个新的伙伴开始新一轮的练习。

收尾

- 20 分钟。

- 大多数环节都以学习活动的实际运用为结尾。给学员充分时间去学习《使徒行传》29章中的地图并鼓励他们在此过程中到处走走，从其他人那里获得更多灵感。

- 做必要的收尾陈词，并请某个学员为此环节做祷告。让此前没有祷告过的学员负责祷告-在此培训结束前每个人至少需要负责一次结尾的祷告。

规律

在过去十年培训了数以千计的学员后，我们得出了以下一些规律。根据我们的经验，这些规律不具有文化特异性。这些规律在亚洲、美洲和非洲同样适用（目前我们还不知道是否适用于欧洲）。

- **五次原则** - 学员们必须练习每一课程五次才能有信心培训其他人。所谓练习课程可以是作为别人实践讲课的听众，或是自己主导讲课练习。因此，我们建议每一课程的练习环节安排两次，学员得以一次和自己的祷告伙伴一起练习，第二次则和其他学员一起。

- **在精不在多** - 很多学员都被教授了超出他们学习能力的内容。常见的一个错误是培训师给予学员太多信息使得他们无法照着去做。如果长期以此方式进行教学，则学员学了满肚子的理论，却什么也不会做。我们希望能够给学员们"一背包"的知识让他们轻装出发并能拿来就用，而不是"满满一大箱"。

- **不同的学员有不同的学习方法** – 人们有三种不同的学习类型：听觉型、视觉型以及动觉型。为了让培训具有高度可复制性，每节课都需要融入上述三种学习方法。然而，外面大部分的培训最多用到其中两种学习方法。而我们的目标是最终将整组的学员转变成培训师，因此，为了不漏掉任何人，我们的培训体系必须结合三种学习方式。

- **流程和内容很重要** – 我们在成年人教育的研究中获得了很多进展，使得我们的培训能够最终转变学员，而不是灌输信息。例如，我们都知道，常见的"讲座式授课"其实对大多数学员来说都不是很好的教学方法。可悲的是，在其他国家做的大部分培训还在沿用这种授课方式。在《信主培训》体系中我们专注于可复制性•评估我们的课程是否能够让下一代学员复制使用。

- **回顾、回顾、回顾** – 另一个常见的关于记忆的短语是"用心领会"。而我们的培训体系就是想最终让学员的心灵发生转变。因此，我们的目标之一就是让每个学员能够完全记住并背出整个培训课程。每次课最开始的"回顾"环节正是帮助学员做到这点。请勿跳过回顾环节。根据我们的实际经验，东南亚的那些小学三年级教育水平的农民们也能使用手势把《培养纯粹的门徒》的内容完整重现。

- **构建课程** – 当我们培训学员时，我们"构建"整节课来帮助他们加深记忆并建立信心。举例来说，我们问第一个问题，然后读《圣经》，给出答案，然后教他们手势。然后，我们读第二个问题并重复上述流程。在我们进行到第三个问题前，我们无论如何都要先回顾第一及第二个问题的提问、回答和手势。接下来，我们才进入到问题三。整个课程中我们都按照这个模式重复，通过每个新问题来回顾旧问题，由此"构建"整个课程。这样有助于学员理解整个课程的内容并更好记住。

- **以身作则** – 人们仿照他们的模范去做。培训的要义在于我们将所学融会贯通到生活中，而不是单纯地把信息灌输给别人。那些关于上帝是如何指引我们的生活故事能更好激励我们的学员。培训不是一项工作，而是一种生活方式。在人群中，学会这种生活态度的信徒越多，植堂运动出现的频率就越多。

简单敬拜

"简单敬拜"是《信主培训》的重要组成部分 - 是培养门徒的一项关键技能。基于"最大的诫命","简单敬拜"教会人们如何遵从诫命,用他们整个的心,他们全部的灵魂,全部的思想和全部的力量去爱神。

我们用我们的全心去爱神,所以我们称颂他。我们用我们全部的思想去爱神,所以我们研究《圣经》。最后,我们用全部的力量去爱神,所以我们要练习我们所学并与他人分享。

上帝保佑遍布东南亚的那些学习小组,他们已学会在任何场合进行简单敬拜 – 在家里、餐馆、公园、主日学校,甚至在佛塔!

计划

- 通常一个简单敬拜环节需要4人小组用20分钟时间完成。

- 在设计研讨会时,我们会把简单敬拜放在一天的开始以及/或午餐以后。

- 首次进行简单敬拜时,需要先进行示范,并花费一点时间解释如何进行每个步骤。

- 在你示范如何做简单敬拜以后,要求每个组员选一位伙伴。通常情况下,学员会选自己的朋友。当每人都找好伙伴以后,要求两对一组结成四人小组

- 要求每个小组取一个组名，给他们几分钟时间思考，然后走到每组边上问他们的组名。接下来的培训中应尽量使用组名来称呼每个小组。

- 在一周的培训课程中，我们倾向于首先教会学员简单敬拜。在之后的两次课中，我们会重温并再次实践这一步骤。

流程

- 将学员分成四人一组。

- 每个组员单独负责简单敬拜的一部分。

- 每次练习简单敬拜时，学员应轮流负责不同的部分，这样的话到整个培训结束时，每个人都能完成每个步骤至少两次。

称颂

- 一个学员带领整组唱两段合唱或赞美诗（根据您的教课内容）。

- 这个环节不需要乐器配合。

- 在训练环节，要求学员们把椅子放置成环绕一张咖啡桌的样子。

- 每组所唱的歌曲不同，这是很好的一点。

- 向每组说明，这是以群体的形式全心称颂神的时机，而不是要看哪组唱得最响。

祷告

- 另一个组员（与之前领导称颂的组员不同）领导小组祷告时间。

- 祷告组长询问每个组员的祷告需求并记录下来。

- 祷告组长承担任务为这些事情祷告，直到这个小组下次会面。

- 每个组员分享了他们的祷告需求后，祷告站长为小组进行祷告。

学习

- 另一个组员领导四人小组开始学习环节。

- 学习组长把一个圣经故事用自己的语言告诉大家，我们建议采用《四福音书》里面的故事，至少在头一次这样做。

- 根据小组情况不同，你可以让学习组长先把圣经故事读一遍，然后用自己的语言重新讲述。

- 学习组长讲完圣经故事后，向组员提问三个问题：

    1. 这个故事告诉我们关于神的什么事情？

    2. 这个故事教会我们关于人的什么事情？

    3. 从这个故事我学会了什么，能帮助我跟随耶稣？

- 小组依次讨论每个问题，组长如果觉得某个问题讨论得差不多了，就讨论下一个问题。

练习

- 另一个四人组的成员负责带领练习环节。

- 练习组长帮助小组复习课程，直到确认每个人都理解了课程并能去教别人。

- 练习组长讲述的圣经故事应与学习组长讲的故事相同。

- 练习组长把学习组长问过的问题再问一遍，然后小组针对每个问题进行讨论。

收尾

- 简单敬拜小组以齐唱另一首颂歌结束简单敬拜，或一起进行主祷。

关键规则

- 四人小组的模式最适合简单敬拜环节。如果你不得不采用五人小组形式，则最多只能有一个五人组。实在不行，两个三人组也比一个五人组要好。

- 简单敬拜的可复制性关键点在于每个组员都轮流练习了敬拜环节的四个部分：称颂、祷告、学习或练习。四人一组的形式给了每个人充分的机会学习新技能，并不会像多人小组那样给予学员压力。

- 鼓励小组们发自内心用自己的语言敬拜。如果组内没有歌手（有时候会这样），可建议他们大声一起朗读一篇诗篇。

- 确保在练习环节有充足的时间让练习组长带领大家一起练习。充足的练习时间会使简单敬拜小组具有可复制性。如果没有练习环节，那么这次课变成了又一个《圣经》研读小组。这真的是你所希望的吗？

- 正如你所看见的，简单敬拜环节的模式和《信主培训》十节课的模式一样：称颂、祷告、学习和练习。主要的区别在于练习环节的内容不同。在《信主培训》课的结束时，学员们已经练习了简单敬拜数次了。而我们则祷告学员们能领导小组并培训他人一起参与简单敬拜。

第二部分
培训

1 欢迎

欢迎步骤通过介绍培训师和学员拉开此课程或研讨会的序幕。培训师将下列耶稣的八幅画像及其相应的手势介绍给学员们：士兵、找寻者、牧人、撒种人、神子、圣者、仆人以及管家。由于人们通过听、看和做去学习，《信主培训》在每一节课中都包含了所有这些学习方式。

《圣经》说圣灵是我们的老师，我们鼓励学员们在整个培训过程中全心依赖圣灵。此环节结束时会开一个小小"茶话会"，带给培训师和学员们更为轻松的氛围，使得门徒能享受和耶稣一起的时刻。

开始

- 要求某个学员祷告祈求神的显现和佑护。

- 共同颂唱两段颂歌或赞美诗。

COMIENZO

介绍培训师

在开始环节，培训师和学员应坐成一圈。如果教室里有桌子，应事先把它们移开。

- 培训师示范学员们应如何向大家介绍自己。

- 培训师和实习培训师（实习培训师的定义详见附录三）互相介绍对方给学员。介绍内容包括对方的姓名、家庭情况、种族群体（在恰当的情况下），以及神是如何在过去一个月佑护他们的。

介绍学员

- 将学员分为两人一组。

  告诉他们："现在请你们互相介绍对方，就像刚才我和实习培训师示范的那样。"

- 他们应首先了解组内成员的名字、家庭情况、种族群体、以及过去一月内神是如何佑护对方的。他们可以将信息记在学习手册上以防忘记。

- 五分钟以后，让每个人用培训师和实习培训师示范的方式至少向其他五个学员介绍自己的组内伙伴。

介绍耶稣

"我们已经把自己介绍给了大家，而你们也把各自的情况介绍给了大家。现在，我们希望把耶稣介绍给大家。《圣经》中描绘了耶稣的多幅画像，但我们将主要着眼于其中的八幅主要画像。"

《圣经》中的八幅耶稣画像

- 在白板上画个圈,并列出耶稣的画像。让学员们按顺序重复多次这些画像,直到他们能轻松记住。

  "耶稣是个士兵、找寻者、牧人、撒种人、神子、圣者、仆人以及管家。"

  ☝ 士兵
  　举起剑。

  ☝ 找寻者
  　找寻者手搭眼睛上部,前后找寻查看

- 牧人
  双手向身体挥动，就像在召唤人们聚集一样

- 撒众人
  用手撒种子。

- 神子
  双手在嘴边移动，好像在进食一样。

- 圣者
  典型的"祷告"手势。

"耶稣是圣洁的，我们奉召作圣徒。"

- 仆人
  挥舞锤子。

- 管家
  假装从衬衣口袋或钱包拿钱出来。

"一副图片胜过千言万语。而这些源自《圣经》的图片能让你们深入了解如何'跟随'耶稣的脚步。 通过一张图，我们能够清晰了解和辨认耶稣是何时以何种方式作为的。"

"一位父亲正在看报纸，而他的儿子一直打扰他，希望父亲陪他玩。几次以后，父亲用一页报纸撕成一片一片，做成了一副拼图游戏。他告诉儿子，如果想让他陪着玩，就要先把这些碎片复原成原来的样子并粘好。"

"父亲深信这个游戏会让他儿子忙活好一会儿，这样他就有足够时间看完报纸了。然而，10分钟以后，儿子就拿着'成品'回来了。父亲问儿子怎么会完成得这么快，儿子回答说：'很简单。报纸的背面是一整幅图片。我按照图片把碎片拼好，这样正面的文字也恰好对上了。'"

"这里的八幅耶稣的画像会让你在跟随耶稣的脚步时给你一个清晰的远景。"

"跟随某个人意味着模仿这个人做事情的方式去做。学徒跟着主人的方式去做,学会了怎么做生意。学生们会变得越来越像自己的老师。我们全都模仿着某些人。我们模仿谁,就会变成谁。在我们的培训课程中,我们将提问,并在《圣经》中寻找相应答案,从而发现耶稣是如何去做的,并练习我们如何跟随他的脚步。"

我们通过哪三种方法学习效果最好?

"人们通过三种方式学习。大家都会运用所有的三种方式,但是不同的人擅长通过其中的一种方式达到最佳学习效果。在这个培训的每节课程,我们都会包含上述三种学习方式,这样的话,你们每个人都能通过其中一种自己最擅长的来达到最佳学习效果。"

"有些人通过听学得最好。因此,我们总是会大声朗读经文并大声提问。"

> 听
> ✋手卷成筒状放在耳边。

"有些人通过看学得最好。因此,我们会运用图像和情景剧来图解重要的道理。"

> ✋看
> 用手指着眼睛。

"有些人通过做学习得更好。因此,我们会安排一些实践练习来帮助你们去做我们上课教的内容并加以练习。"

🖐做
用双手做滚动的动作。

"听、看和做是我们的三个主要老师。《圣经》告诉我们，圣灵也是我们的老师。在整个研讨会起劫案，我要求你们信赖圣灵去学习整个课程，因为圣灵是我们最好的导师。"

收尾

召开茶话会！

"你们更喜欢哪个场合呢？和朋友们在学校教室聚会还是在茶馆（或咖啡馆）？"

"我们在教室里面学会了很多好知识，而且我们应该尊重我们的老师。然而，我们所知道的关于我们的朋友、家庭以及村庄的信息大部分都是在茶馆里获得。这个道理对于耶稣那个时期也是一样的。"

--《路加福音》7:31-35-- 主又说："这样，我可用什么比这世代的人呢？他们好像什么呢？好像孩童坐在街市上，彼此呼叫说：'我们向你们吹笛，你们不跳舞；我们向你们举哀，你们不啼哭。'施洗的约翰来，不吃饼，不喝酒，你们说他是被鬼附着的。人子来，也吃也喝，你们说他是贪食好酒的人，是税吏和罪人的朋友。但智慧之子，都以智慧为是。" (CEV)

"我们在茶馆里面更为放松自在。如果耶稣今日再次降临人间，他也会在茶馆或者咖啡馆度过一点时光。当他第一次来到人世也曾按照此模式行事。因此，我们现在要把这个培训重心变成一个茶馆。"

- 此时，安排给学员供应一些茶、咖啡以及其他点心和饮料。

"召开茶话会"的目的是营造更为放松和非正式的培训氛围。换句话说，把学习小组设定调整到更为贴近当初耶稣培训自己的门徒那样。

2

倍增

倍增把耶稣作为管家的形象介绍给学员：管家希望他们的时间和所有之物能够获得好的回报，并希望能够诚信度日。学员们通过探索1) 神对世人的第一条命令、2) 耶稣对世人的最后一条命令、3) 222定律、以及4)加利利海和死海，可预见学习成效倍增的远景。

  这个课程结尾时会提供学员一套有效的学习工具，用以衡量和体现培训他人和自身接受培训之间的成效差异。学员接受挑战去培训他人如何称颂、祷告、学习神的指令、并以之帮助他人。随着这些时间、所有之物、诚信的投入，当学员们在天堂见到耶稣，他们将能够向他敬献令人惊叹的礼物。

称颂

- 要求某个学员祷告祈求神的显现和佑护。

- 共同颂唱两段颂歌或赞美诗。

祷告

- 将学员们分成两人一组，注意其伙伴应该是之前没有合作过的。

- 每个学员与其组内伙伴分享他们对如下问题的答案：

  今天你需要我为你祈求什么？

- 接下来两人组共同祷告。

学习

回顾

每次回顾的环节是相同的。要求学员起立并背诵之前学过的课程。应确保他们在背诵时配上相应手势。

> 帮助我们跟随耶稣的八幅画像是指什么？
>
> 士兵、找寻者、牧人、撒种人、神子、圣者、仆人及管家。

我们的灵性生活正如气球

- 拿起一个气球展示给学员们，并向他们解释：

  "我们的灵性生活正如这只气球。"

- 当你吹起气球时，像学员解释这正如我们接受神的福佑。接着放手，让气球的气散出，并说：

  "神赐予我们，因此我们也要给予他人。神佑我们去祝福他人。"

- 重复上述过程数次来演示灵性生活的"接受和给予"。

"然而，我们多数的人不会把我们收到的再给出去，而是据为己有。也许有人觉得，如果把神的福佑给了别人，神不会再福佑我们。也许有人觉得给予别人很难做到。"

- 继续给气球充气，但时不时地放掉少量的气，并解释说这是因为你很"内疚"。因为神赐予了你很多，而你却没有与他人分享很多。最后，把气球吹爆。

"我们的灵性生活正如这个演示。如有人教会我们什么，我们应该转教他人。当我们接受福佑，我们应去祝福他人。如果不这样做，我们的灵性生活会出大问题！不与他人分享我们的收获绝对会导致灵修的失败。"

耶稣是怎样的？

--《马太福音》6:20-21--只要积攒财宝在天上，天上没有虫子咬，不能锈坏，也没有贼挖窟窿来偷。因为你的财宝在哪里，你的心也在那里。

"耶稣是个管家。他时刻关注我们的钱，所有之物以及我们的优先权甚于任何其他问题。作为管家，耶稣在我们身上投入，并希望获得好的回报。"

管家
假装从衬衣口袋或皮夹内取钱出来。

管家会做哪三件事？

--《马太福音》 25:14-28•天国又好比一个人要往外国去，就叫了仆人来，把他的家业交给他们，按着各人的才干，给他们银子，一个给了五千，一个给了二千，一个给了一千，就往外国去了。那领五千的随即拿去作买卖，另外赚了五千；那领二千的也照样另赚了二千；但那领一千的去掘开地，把主人的银子埋藏了。过了许久，那些仆人的主人来了，和他们算账。那领五千银子的又带着那另外的五千来，说：'主啊，你交给我五千银子，请看，我又赚了五千。'主人说：'好，你这又良善又忠心的仆人，你在不多的事上有忠心，我要把许多事派你管理，可以进来享受你主人的快乐。'那领两千的也来，说：'主啊，你交给我两千银子，请看，我又赚了两千。'主人说：'好，你这又良善又忠心的仆人，你在不多的事上有忠心，我要把许多事派你管理，可以进来享受你主人的快乐。'那领一千的也来，说：'主啊，我知道你是忍心的人，没有种的地方要收割，没有散的地方要聚敛。我就害怕，去把你的一千银子埋藏在地里。请看，你的原银子在这里。'主人回答说：'你这又恶又懒的仆人，你既知道我没有种的地方要收割，没有散的地方要聚敛，就当把我的银子放给兑换银钱的人，到我来的时候，可以连本带利收回。夺过他这一千来，给那有一万的。'(HCSB)

1. 管家很明智地投资他们的财物。

"耶稣告诉了我们一个故事，三个仆人如何把主人交给的财物进行投资的故事。其中两人明智地将主人的钱进行了投资。"

2. 管家很明智地投资他们的时间。

"耶稣希望我们把'他的国'放在首位。"

3. 管家的生活以诚信为基础。

"如果耶稣在小事上看见我们的诚实和诚信，他会向我们委以更重要的事。"

"耶稣是个管家,并且他与我们在一起。当我们跟从他,我们也会成为管家。我们也要明智地投入我们的财物和时间,并诚信地生活。"

神对世人的第一条命令是什么?

--《创世记》 1:28•"神就赐福给他们,又对他们说:"要生养众多,遍满地面,治理这地;也要管理海里的鱼、空中的鸟,和地上各样行动的活物。"(NASB)

"神告诉人们要倍增人群并生养孩子。"

耶稣对世人的最后一条命令是什么?

--《马可福音》 16:15--他又对他们说:"你们往普天下去,传福音给万民听。"

"耶稣告诉他的门徒要增加信徒并育养灵性的孩子。"

怎样才能做到倍增人群?

--《提摩太后书》 2:2-- 你在许多见证人面前听见我所教训的,也要交托那忠心能教导别人的人。(NASB)

"当我们像自己被培训的那样去培训他人,神就倍增了我们的人数。我们称之为'222定律'。耶稣向保罗显露自己。保罗培训了提摩太。提摩太培养了一群忠诚的信徒,而他们又去培养他人。这样日复一日地在历史上循环下去,直到某天有人过来跟你分享关于耶稣的一切!"

加利利海/死海 ➥

- 将后页上的画一步一步随着你的讲述画出来。后页上显示的是完成后的画面。

54 培养 纯粹的 门徒

"在以色列有两个海洋。你们知道他们的名字吗?"

(加利利海和死海)

- 画两个小圆圈,小一些的那个画在上部。用一条线连接两个圈。在小圈上方再画一条直线延伸出去。把两个海标注一下。

"有一条河连接了加利利海和死海,你们知道它的名字吗?"

(约但河)

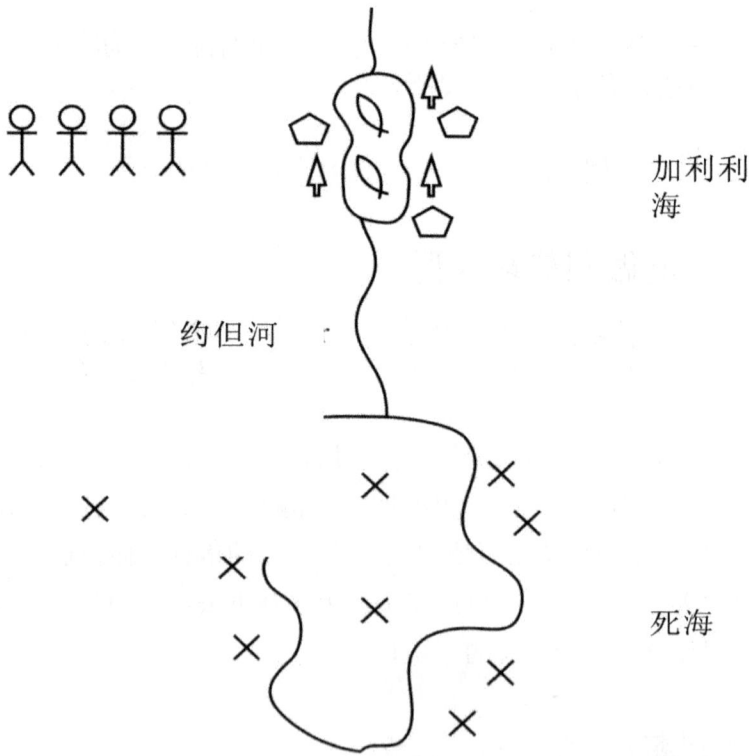

- 标出河流。

  "加利利海和死海是完全不同的。加利利海里有很多鱼。"

- 在加利利海里面画出鱼。

  "死海里面却没有鱼。"

- 在死海里面画叉。

  "加利利海边长了很多树。"

- 在加利利海旁边画上很多的树。

  "死海边上没有树。"

- 在死海边上画上叉。

  "加利利海附近有很多村庄。"

- 在加利利海边上画上房子。

  "死海边上没有房子。"

- 在死海边上画上叉。

  "加利利海边住过四位名人。你们知道他们的名字吗?"

  (彼得、安得烈、雅各以及约翰)

- 在加利利海边画上四个火柴人。

  "死海边上没有住过名人。"

- 在死海边上画上四个叉。

  "你们认为为什么死海那么'死气沉沉'而加利利海又为什么'生机勃勃'呢？

  因为加利利海有水入海，也有水出去，而死海只有进水却没有出口。

  "这幅图代表了我们的灵性生活。我们收到福佑时，应该给出祝福。当我们接受教导，也应该去教导别人。那样我们就会像加利利海一样。如果我们只是把所得据为己有，那我们就像死海一样了。"

  "我们更容易成为哪个海呢？死海还是加利利海？多数的人都更像死海，因为他们更愿意接受而不愿付出。然而，跟随耶稣的人们更像加利利海。耶稣从他的父那里接受的，他又转赠他人。当我们培训人们，又让他们得以去培训更多人，我们就是在跟随耶稣的做法。"

  "那你想成为哪个海呢？我想像加利利海那样。"

背诵《圣经》段落

　　--《约翰福音》 15:8--你们多结果子，我父就因此得荣耀，你们也就是我的门徒了。

- 所有人起立并一起朗读上述段落。前六次，学员可以借助《圣经》或学员笔记。后四次，应背诵段落。学员每次引述《圣经》段落时都应先讲出具体章节，读完后全体就座。

- 跟着这个程序，培训师得以了解哪些小组完成了"练习"部分的课程。

练习

- 此环节要求祷告两人组面对面坐。两人轮流教授对方课程。

  "两人组中较年轻的那个是小组组长。"

- 这仅仅表示年轻的那个先开始培训对方。

- 按照25页上的"培训培训师"流程开始培训。

- 强调你要求他们完全按照你在"学习"环节教他们的那样去做。

  "问问题,一起朗读经文,并以我培训你们时候的方式回答问题。"

  "画出加利利海和死海图示,并根据我培训时的方式引用经文。"

  "每人每次画加利利海和死海示意图时都应从白纸从头开始画。"

- 每对学员互相教授课程以后,要求学员换一个伙伴重新开始轮流教授。在结束时,要求学员想出一个他们准备分享此课程的对象,并把此人名字写在本课的第一页上方。

收尾

向耶稣献礼 ➤

- 找一个学员当志愿者帮忙演情景剧。

- 让志愿者站在房间的一端，你自己站在另一端。

  "我希望每个人都想象我们（我及志愿者）的灵性成熟度是相同的。"

  🖐 称颂
  举起双手称颂上帝。

  🖐 祷告
  典型的合掌祷告手势。

  🖐 学习《圣经》
  双手平摊好像在捧书阅读。

  🖐 告知别人耶稣的事
  双手向外好像在撒播种子。

- 强调你与志愿者灵性上是相等的，只是有一处不同。

  "唯一的不同之处在于，他（她）培训他人信主，使得他人接着能够去培训更多人。我只把他人培训到能够信主。但是我不培训他们以使他们能够培训别人。"

  "现在，我希望展示给你们看培训所能造成的差异。"

- 向学员解释，每年你和志愿者各能够培训一个人来信主。

- 你和志愿者一起走入学员中间，每人带一个人回到台上，并让他们站在你们各自边上。

  "大家可以看到，一年以后，两边没有差异。我这里多了一个人，他那里也多了一个人。"

- 然而，只有志愿者把别人培训成能够再去培训别人。把上述的手势重复一遍，这一次，志愿者那边两人都能做手势，但是你这边只有你一个人能做手势。

  "让我们看看第二年的情况。他和我都各再次带领了人信主。唯一的区别是，他所培训的人现在能跟他做同样的事。因此，这一年，我还是培训了一个人，但是志愿者小组的两人都能各培训一个人。"

- 你和志愿者同时走入学员中去挑选下一批的信徒。接着，志愿者的第一个学员也可以走入观众中挑选一个信徒。

  "大家可以看到，两年以后双方的差距不大：我这边有2个人，他有3个。"

- 再一轮开始，志愿者以及他的三个学员可以一起做手势，而你还是一个人重复整套手势。

- 重复上述的过程几轮，直到现场所有学员都加入了双方队伍。每一轮你都独自做手势，并告诉你的学员他们应该称颂、祷告、学习神的指示、并分享好消息，但是不要培训他们怎么去做。

- 到了某个时刻，你会发现教室里的学员不够用了。此时，告诉大家，如果学员发现不够人数充当他们的新受训人，则举起双手。

- 在第五年到来之际，学员们会发现志愿者培训的人群和你所培训的人群之间惊人的数量差异。重复强调你确实爱你的门徒，并希望他们强壮以便你可以教授他们更多东西，但是你从未告诉他们如何再去培训他人。

"当你到达天堂时,你会向耶稣敬献什么样的礼物来感谢主为你献身于十字架上呢?是像我这边的一小撮人,还是他(她)那边的大群信徒?"

- 边说边指向房间另一边的志愿者。

"神命令我们要多结果子,要倍增信徒。我希望效仿耶稣,培训门徒再去让他们培训更多人。我希望以不断倍增的信徒来向耶稣敬献一份大礼。我希望成为我自己财务和时间的管家,并诚信地生活。"

- 让你这边的组员加入另外一组,并互相培训,这样最后每个人都能成为赢家。

- 请担任"向耶稣献礼"情景剧的志愿者以祷告为本次课程收尾。

3 爱

爱把耶稣作为牧人的形象介绍给学员：牧人带领、保护、并喂养他们的羊群。我们教人们听从神的指示，就是"喂养"他们，但是我们教人们关于神的第一件事应该是什么呢？学员在此课中学习探索最重要的诫命，辨认爱之源是谁，并学会如何根据最重要的诫命进行敬拜。

本课中，学员练习如何带领简单的学习小组进行四要素：称颂（全心去爱神）、祷告（用整个灵魂去爱神）、学习《圣经》（整个思想去爱神）、以及练习技能（用所有力量去爱神）。最终会有一个情景剧"羊与虎"来演示信徒小组的实际需求是什么。

称颂

- 要求某个学员祷告祈求神的显现和佑护。

- 共同颂唱两段颂歌或赞美诗。

祷告

- 将学员们分成两人一组，注意其伙伴应该是之前没有合作过的。

- 每个学员与其组内伙伴分享他们对如下问题的答案：

    1. 我们应该如何为我们身边的迷失人群祷告？

    2. 我们应该如何为你所培训的小组祷告？

- 如果学员的组内伙伴还未开始实际培训任何人，则可选择在他们影响范围内的潜在培训对象，并为这些人祷告。

- 两人组一起祷告。

学习

回顾

每次回顾的环节是相同的。要求学员起立并背诵之前学过的课程。应确保他们在背诵时配上相应手势。

帮助我们跟随耶稣的八幅画像是指什么？

士兵、找寻者、牧人、撒种人、神子、圣者、仆人及管家

倍增

管家会做的三件事是什么？

神对世人的第一条命令是什么？

耶稣对世人的最后一条命令是什么？

我应该怎么做才能倍增信徒？

以色列境内的两个海的名称是什么？

为什么这两个海不一样？

你想成为哪个海？

耶稣是什么样的?

--《马可福音》6:34--耶稣出来，见有许多的人，就怜悯他们，因为他们如同羊没有牧人一般，于是开口教训他们许多道理。(NASB)

"耶稣是个好牧人。他爱世人，看到他们的问题，并开始教会他们神的方法。他与我们共存，并伴随我们终身。"

牧人
双手向身体挥动，好像在召集人们。

牧人会做哪三件事?

--《诗篇》23:1-6--耶和华是我的牧者，我必不至缺乏。他使我躺卧在青草地上，领我在可安歇的水边；他使我的灵魂苏醒，为自己的名引导我走义路。我虽然行过死荫的幽谷，也不怕遭害，因为你与我同在；你的杖，你的竿，都安慰我。在我敌人面前，你为我摆设筵席；你用油膏了我的头，使我的福杯满溢。我一生一世必有恩惠慈爱随着我，我且要住在耶和华的殿中，直到永远。(NASB)

1. 牧人带领他们的羊群走在正确的路上。

2. 牧人保护他们的羊群。

3. 牧人喂养他们的羊群。

"耶稣是个牧人,当我们效仿他,我们也会成为牧人。我们会带领人们跟从耶稣,保护他们不受邪恶侵害,用神的旨意喂养他们。"

教授他人时最重要的诫命是什么?

--《马可福音》12:28-31--有一个文士来,听见他们辩论,晓得耶稣回答的好,就问他说:"诫命中哪是第一要紧的呢?"耶稣回答说:"第一要紧的就是说:'以色列啊,你要听,我们的神是独一的主。你要尽心、尽性、尽意、尽力爱主,你的神'其次就是说:'要爱人如己。'再没有比这两条诫命更大的了。"

爱神

👆双手向上,朝向神。

爱世人

👆双手向外,朝向别人。

爱源自何处?

--《约翰一书》4:7,8--亲爱的弟兄啊,我们应当彼此相爱,因为爱是从神来的。凡有爱心的,都是由神而生,并且认识神。没有爱心的,就不认识神,因为神就是爱。(HCSB)

爱源自神

"因此,我们从神那里得到爱,我们再把爱回馈给神。"

👆双手朝上,好像在接受爱,然后将爱回馈给神。

"我们从神那里获得爱,并分赠他人。"

ꞏ 双手朝上，好像在接受爱，接着双手外摊，好像在给予别人。

什么是简单敬拜？

ꞏ 称颂
双手举起称颂上帝。

ꞏ 祷告
双手做标准"祷告"手势。

ꞏ 学习
双手摊开朝上好似捧书阅读。

ꞏ 练习
一手来回动，好像在撒播种子。

为什么要做简单敬拜？

--《马可福音》12:30--你要尽心、尽性、尽意、尽力爱主 你的神。

- 与学员一起复习简单敬拜的要义。每个简单敬拜的部分都训练我们遵循《马可福音》12章30节所记载的耶稣的最重要的诫命。

- 本科解释了简单敬拜的目的。与学员一起练习数次相关手势。

"我们用全心去爱神，因此我们称颂他；我们用整个灵魂去爱神，所以我们祷告；我们用全部思想去爱神，因此我们学习；我们用全部力量去爱神，因此我们练习。"

我们…	因此…	手势
我们用全心去爱神	称颂	一手放在心口，然后双手举起称颂神。
用整个灵魂去爱神	祷告	双手紧握，做标准祷告手势。
用全部思想去爱神	学习	一手放在头的右边做思考状，接着双手平摊向上好像捧书阅读。
用全部力量去爱神	分享我们所学（练习）	双臂高举屈伸，接着一手向外做撒种状。

简单敬拜需要几个人？

--《马太福音》18:20--因为无论在哪里，有两三个人奉我的名聚会，那里就有我在他们中间。

"耶稣向我们承诺，每当两或三个信徒在一起，他就与他们同在。"

背诵《圣经》段落

--《约翰福音》13:34, 35--我赐给你们一条新命令,乃是叫你们彼此相爱;我怎样爱你们,你们也要怎样相爱。你们若有彼此相爱的心,众人因此就认出你们是我的门徒了。(NLT)

- 所有人起立并一起朗读上述段落。前六次,学员可以借助《圣经》或学员笔记。后四次,应背诵段落。学员每次引述《圣经》段落时都应先讲出具体章节,读完后全体就座。

- 跟着这个程序,培训师得以了解哪些小组完成了"练习"部分的课程。

练习

- 此环节要求学员两两对面而坐。双方轮流教授对方课程。

  "两人组中年长的那个作为领导者。""

- 按照25页上的"培训培训师"流程开始培训。

- 强调你要求他们完全按照你在"学习"环节教他们的那样去做。

  "问问题,一起朗读经文,并以我培训你们时候的方式回答问题。"

- 每对学员互相教授课程以后,要求学员换一个伙伴重新开始轮流教授。在结束时,要求学员想出一个他们准备分享此课程的对象。

"用几分钟时间想一下,在课堂之外你愿意与谁分享这堂课。把这个人的名字写在本课第一页的上方。"

收尾

简单敬拜

- 把学员分成四人一组。给每组一分钟时间来想一个小组组名。

- 在教室内走动,收集小组起好的组名。

- 与学员一起回顾简单敬拜的步骤,告诉他们大家将会一起练习简单敬拜。

- 四人组的每个成员都应带领敬拜时间的不同步骤。例如,第一个人带领称颂,第二个人带领祷告,第三个人带领学习,第四个人带领练习。

- 告诉学员们每组的敬拜要尽量不影响其他小组。提醒学员们不要"灌输"《圣经》故事,而是"讲述"。要求每组的学习组长告诉自己的小组一个关于神爱世人的故事。如果学员不知道该选择什么样的《圣经》故事,则建议他们选择浪子回头的故事。学习组长接着会问三个学习问题:

    1. 这个故事告诉了我们关于神的什么事情?
    2. 这个故事告诉了我们关于世人的什么事情?
    3. 这个故事会怎样帮助到我去效仿耶稣?

- 练习组长重新讲述学习组长之前讲过一遍的《圣经》故事，并再问一遍上述三个问题，小组针对每个问题进行再次讨论。

为什么建立门徒小组很重要？

羊与虎

- 假设教室就是一个牧场。请一位学员做志愿者担任羊群的守卫（牧人）。请另三位志愿者担任老虎。其他所有人都是羊。

    "这个游戏的目的是虎群尽量争取多抓羊。如果牧人碰到了一只老虎，则老虎倒下'死去'。如果老虎碰到了一只羊，则羊倒下'受伤'。如果两只老虎同时碰到牧人，则牧人受伤。任何角色一旦'受伤'或'死亡'，该角色退出游戏，直到游戏结束。"

- 要求学员把周边的书本、笔以及其他可能造成伤害的东西先移除再开始游戏。

    "在游戏进行过程中有人可能会尖叫哦，不过那是允许的。"

- 数到三并宣布"开始！"。游戏进行到所有老虎死亡或者所有羊受伤时结束。这一轮大多数甚至所有的羊群都会受伤。守卫也可能受伤。

- 告诉学员们游戏将进行第二轮。这一次，守卫增加了5个，但是老虎还是3只。其他人还是做羊。鼓励羊群小范围聚集在各个守卫边上寻求保护。数到三并宣布"开始！"。

- 所有老虎死亡或者所有羊都受伤后游戏结束。这一次老虎会很快地全部死亡。有一些羊可能受伤。

"这是告诉我们为什么我们需要更多新的信徒小组以及教会。第一轮游戏就像有一个牧师，试图保护他的整个教会并希望他们日益扩大。这种情况下撒旦很容易进到里面并伤害许多成员。在第二轮游戏中，数个灵修领导者各自保护他们的小组。因此，撒旦和他的恶魔（老虎）不能轻易伤害到羊群。"

"耶稣是个好牧人。他把生命献给了他的羊群。我们作为灵修的牧人，应该愿意把我们的'生命'-我们的时间、祷告、专注给予我们的羊群，即那些寻求我们的指导去信主的人们。我们每次只能面对某一群人，对吗？只有耶稣是无所不在的。这就是为什么我们要培训人们再去培训他人，这样的话，就会有更多人去担负别人的重担，并实现基督的法则。"

4

祷告

祷告课把耶稣作为圣者介绍给学员。他过了神圣的一生，最后把生命在十字架上献给了我们。当我们效仿耶稣，神要求我们也成为圣人。圣人敬拜神，过着圣洁的生活，并为他人祷告。我们要像祷告中提到的耶稣那样，称颂上帝、忏悔罪恶、祈求需要的，顺从上帝所命令的。

神会从四种方式中的一种回应我们的祷告：不行（如果我们的动机不纯）、慢点（如果时机不对）、成长（如果我们需要在神给我们回答之前再继续成长灵性）、以及去做吧（如果我们依据神的道和意愿来祷告）。学员们学会记住神的电话号码3-3-3（根据《耶利米书》33章3节），并且我们鼓励学员们天天与神"通话"。

称颂

- 要求某个学员祷告祈求神的显现和佑护。

- 共同颂唱两段颂歌或赞美诗。

祷告

- 将学员们分成两人一组，注意其伙伴应该是之前没有合作过的。

- 每个学员与其组内伙伴分享他们对如下问题的答案：

    1. 我们应该如何为我们身边的迷失人群祷告？

    2. 我们应该如何为你所培训的小组祷告？

- 如果学员的组内伙伴还未开始实际培训任何人，则可选择在他们影响范围内的潜在培训对象，并为这些人祷告。

- 两人组一起祷告。

学习

电话游戏

"你玩过电话游戏吗？"

- 告诉学员们，你将会把几句话给你边上的人，并由这个人传达给下一个人。每个人传达话语给下一个人时都是低声耳语，直到这些话传完一圈。

- 最后一个人将复述他听到的这些话。你来重复你一开始讲的话，由学员们来比较这些话的相同和不同。选择的句子或短语最好简单幼稚一点，并且由几个部分组成。这个游戏要玩两遍。

    "我们经常听到关于神的事情，但我们不常与他对话。在我们的游戏里面，如果你们能够直接问我一开始说了什么，游戏就一点都不难了。当你听到的句子是经过几个人口耳相传的，那就很容易听错或者说错了。因此，祷告在我们的灵性生活中非常重要，因为那是我们直接与神沟通的方式。"

回顾

每次回顾的环节是相同的。要求学员起立并背诵之前学过的课程。应确保他们在背诵时配上相应手势。

帮助我们跟随耶稣的八幅画像是指什么？

士兵、找寻者、牧人、撒种人、神子、圣者、仆人及管家

倍增

管家会做的三件事是什么？

神对世人的第一条命令是什么？

耶稣对世人的最后一条命令是什么？

我应该怎么做才能倍增信徒？

以色列境内的两个海的名称是什么？

为什么这两个海不一样？

你想成为哪个海？

爱

牧人会做的三件事是什么？

教授他人时最重要的诫命是什么？

爱源自何处？

简单敬拜是指什么？

为什么要进行简单敬拜?

简单敬拜需要几个人参与?

耶稣是什么样的?

--《路加福音》4:33-35--在会堂里有一个人被污鬼的精气附着,大声喊叫说:"唉!拿撒勒的耶稣,我们与你有什么相干?你来灭我们吗?我知道你是谁,乃是神的圣者。"耶稣责备他说:"不要作声,从这人身上出来吧!"鬼把那人摔倒在众人中间,就出来了,却也没有害他。

"耶稣是上帝的圣者。他就是我们需要敬拜的人。他也是在上帝的宝座前为我们求情的人。他号召我们为他人求情,并过与他沟通的圣洁生活。耶稣就是圣者,我们都受他的感召成为圣徒。"

圣人
🖐 双手做典型的"祷告"手势。

圣人会做哪三件事?

--《马太福音》21:12-16--耶稣进了神的殿,赶出殿里一切作买卖的人,推倒兑换银钱之人的桌子和卖鸽子之人的凳子;对他们说:"经上记着说:'我的殿必称为祷告的殿',你们倒使它成为贼窝了。"在殿里有瞎子、瘸子到耶稣跟前,他就治好了他们。祭司长和文士看见耶稣所行的奇事,又见小孩子在殿里喊着说:"和散那归于大卫的子孙!"就甚恼怒,对他说:"这些人所说的,你听见了吗?"耶稣说:"是的。经上说'你从婴孩和吃奶的口中完全了赞美的话。'你们没有念过吗?"

1. 圣人敬拜神。

"我们应像那些神殿里的孩童一样敬拜神。"

2. 圣人过圣洁的生活。

"耶稣不允许他的父之殿被贪婪污秽。"

3. 圣人为他人祷告。

"耶稣说神殿是祷告的殿。"

"耶稣是圣者,并与我们同在。当我们效仿他,我们作为他的圣徒都将灵性大增。我们应敬拜神、过圣洁的生活、并像耶稣一样为他人祷告。"

我们应该如何祷告?

--《路加福音》10:21--正当那时,耶稣被圣灵感动就欢乐,说:"父啊,天地的主,我感谢你!因为你将这些事向聪明通达人就藏起来,向婴孩就显出来。父啊,是的,因为你的美意本是如此。"(NASB)

称颂

"耶稣通过祷告与神接近,庆幸并感谢神为世人所做的一切。"

称颂
🖐双手上举表示敬拜。

--《路加福音》18:10-14•"有两个人上殿里去祷告:一个是法利赛人,一个是税吏。法利赛人站着,自言自语地祷告说:'神啊,我感谢你,我不像别人勒索、不义、奸淫,也不像这个税吏。我一个礼拜禁食两次,凡我所得的,都捐上十分之一。'那税吏远远地站着,连举目望天也不敢,只捶着胸说:'神啊,开恩可怜我

这个罪人！'我告诉你们：这人回家去比那人倒算为义了。因为，凡自高的，必降为卑；自卑的，必升为高。"（CEV）

忏悔

"在这个故事里，耶稣将两个祷告者进行了比较。法利赛人祷告时，他很骄傲并把自己看做高于'罪人'。税吏祷告时，他在神前自卑，并承认自己的罪行。耶稣说税吏才是那个以祷告取悦神的人。"

"忏悔意味着承认我们的罪并不再继续犯罪。忏悔的人将得到宽恕并取悦于神。"

> 忏悔
> 双手向外遮住脸，头转向一边。

--《路加福音》11:9--我又告诉你们：你们祈求，就给你们；寻找，就寻见；叩门，就给你们开门。（HCSB）

祈求

"在我们以称颂和忏悔来到神前后，我们已准备好向神祈求我们所需。很多人一开始祷告就是要求，那很无礼。主祷文教会我们，祷告开始要称颂神（《马太福音》6章9节），接着才祈求。"

> 祈求
> 双手合起呈碗状，好似接受某物。

--《路加福音》22:42--：父啊，你若愿意，就把这杯撤去，然而，不要成就我的意思，只要成就你的意思。（HCSB）

顺从

"耶稣在客西马尼园内上十字架受苦。但是,他说到:'虽然如此,我的意愿将被违背,而你们的意愿将被执行。'在我们向神祈求了我们所需后,应听从他的指令并顺从他,做他命令的事。"

顺从 – 神命令我们
🤚双手合成祷告姿势,并高举于额前,表示尊敬。

一起祷告

- 领导学员们进行祷告,运用刚才学的祷告的四步骤,每次进行一步骤。

- 在称颂和询问环节,每个人都要大声祷告。在忏悔和顺从环节,每个人都默默祷告。

  "在最后我会说:'上帝所有的臣民同说…阿门。'那时即表示祷告时间结束。"

- 在祷告时鼓励学员们运用手势,帮助他们记忆当时练习的是祷告的哪一步骤。

神会如何回应我们?

--《马太福音》20:20-22--那时,西庇太儿子的母亲同她两个儿子上前来拜耶稣,求他一件事。耶稣说:"你要什么呢?"她说:"愿你叫我这两个儿子在你国里,一个坐在你右边,一个坐在你左边。" 耶稣回答说:"你们不知道所求的是什么。我将要喝的杯,你们能喝吗?"他们说:"我们能。"(NLT)

培养 纯粹的 门徒

不行

"雅各和约翰的母亲祈求耶稣给予她的两个儿子在耶稣的国度最恩典的地位。骄傲和权利欲使她如此行事。耶稣告诉她他不会满足她的要求,因只有天父才有权力那样做。当我们祈求的动机不良时神就会说'不行'"。

不行 - 我们的动机不对。
✋摇头表示"不行"。

--《约翰福音》11:11-15--耶稣说了这话,随后对他们说:"我们的朋友拉撒路睡了,我去叫醒他。" 门徒说:"主啊,他若睡了,就必好了。"耶稣这话是指着他死说的,他们却以为是说照常睡了。耶稣就明明地告诉他们说:"拉撒路死了。我没有在那里就欢喜,这是为你们的缘故,好叫你们相信。如今我们可以往他那里去吧!"

慢点

"耶稣知道拉撒路病了,他如能早点到就可治愈他。然而,耶稣等到拉撒路死后再去,因为他想做更伟大的事-复活。耶稣知道,如果拉撒路能够复活,则可增进人们的信仰忠诚,并将荣耀归于神。有时候我们必须等待,因为时机还没到。"

慢点 - 我们应等待神所指的时机,而不是以我们为准。
✋双手下推,好像在让车慢下来。

--《路加福音》9:51-56--耶稣被接上升的日子将到,他就定意向耶路撒冷去,便打发使者在他前头走。他们到了撒玛利亚的一个村庄,要为他预备。那里的人不接待他,因他面向耶路撒冷去。他的门徒雅各、约翰看见了,就说:"主啊,你要我们吩咐火从天上降下来烧灭他们,像以利亚所作的?" 耶稣转身责备两个门徒

说："你们的心如何，你们并不知道。人子来不是要灭人的性命，是要救人的性命。"说着就往别的村庄去了。(NLT)

成长

"当撒玛利亚的村民不欢迎耶稣时，雅各和约翰希望他用火毁灭整个村庄。这两个门徒没有领会耶稣的使命：他来到世间是救人的，不是伤害他们。两个门徒需要成长！同样的，当我们向神祈求我们并不需要的东西，或我们所祈求的会给我们带来麻烦，或我们祈求的与神对我们生活的指引背道而驰，那么神就不会应许我们。他会说，我们需要成长。"

成长 - 神希望我们能在一个领域内先成长起来。
✋双手做出一棵树长大的样子。

--《约翰福音》15:7-- 你们若常在我里面，我的话也常在你们里面；凡你们所愿意的，祈求就给你们成就。(NLT)

去做吧

"当我们跟从耶稣，并遵从神的道，我们可向神祈求我们需要的，并坚信神会给予我们。神说：'好！去做吧！你能得到你想要的！'"

去做吧 - 我们按照神的旨意做了祷告，神说"可以"。
✋点头表示"可以"，同时双手往前挥动表示"去做吧"。

背诵《圣经》段落

--《路加福音》11:9-- 我又告诉你们：你们祈求，就给你们；寻找，就寻见；叩门，就给你们开门。(HCSB)

- 所有人起立并一起朗读上述段落。前六次，学员可以借助《圣经》或学员笔记。后四次，应背诵段落。学员每次引述《圣经》段落时都应先讲出具体章节，读完后全体就座。

- 跟着这个程序，培训师得以了解哪些小组完成了"练习"部分的课程。

练习

- 此环节要求学员两两对面而坐。双方轮流教授对方课程。

    "两人组中较矮的那个作为领导者。"

- 按照25页上的"培训培训师"流程开始培训。

- 强调你要求他们完全按照你在"学习"环节教他们的那样去做。

    "问问题，一起朗读经文，并以我培训你们时候的方式回答问题。"

- 每对学员互相教授课程以后，要求学员换一个伙伴重新开始轮流教授。要求学员想出一个他们准备分享此课程的对象。

    "用几分钟时间想一下，在课堂之外你愿意与谁分享这堂课。把这个人的名字写在本课第一页的上方。"

收尾

神的电话号码

"你知道神的电话号码吗？号码是3-3-3."

--《耶利米书》33:3-- 你求告我，我就应允你，并将你所不知道、又大又难的事指示你。(NASB)

"要确保你每天都给神电话。他期待获知你的一切并极喜欢与他的子民交谈！"

双手 - 十指

- 举起双手

    "我们每天应为两种人祷告：信徒和非信徒。"

    "我们为信徒祷告，这样他们就能跟随耶稣的脚步并培训更多人这么做。我们为非信徒祷告，使他们能接受基督。"

- 鼓励学员们用右手数出他们认识的5个非信徒。用一点时间来为这些人祷告，并祈祷他们成为耶稣的信徒。

- 学员们用左手数出5个他们认识的信徒，并可发展培训成耶稣的效仿者。用一些时间为他们祷告，祈求他们能全心跟随主。

5

遵从

遵从把耶稣作为仆人的形象介绍给学员：仆人帮助别人，他们有谦虚的心，并服从主人的命令。耶稣以同样的方式服侍并效仿他的父，而我们现在就要服侍并效仿耶稣。作为全能的主，耶稣给了我们四条命令去遵从：前行、培养门徒、施洗以及教授他们遵从主所有的命令。耶稣承诺他会与我们同在。任何时候耶稣有命令，我们都必须立刻且怀着敬爱之心遵从。

每个人一生总有起伏，但智者依靠遵从耶稣的命令来更好生活，而蠢人却不是。课程的最后，学员们开始绘制一副《使徒行传》中29章的地图-这是一副显示他们丰收信徒的地图，并且在门徒研讨会结束时每个人都要展示这幅地图。

称颂

- 要求某个学员祷告祈求神的显现和佑护。

- 共同颂唱两段颂歌或赞美诗。

祷告

- 将学员们分成两人一组，注意其伙伴应该是之前没有合作过的。

- 每个学员与其组内伙伴分享他们对如下问题的答案：

  1. 我们应该如何为我们身边的迷失人群祷告？

  2. 我们应该如何为你所培训的小组祷告？

- 如果学员的组内伙伴还未开始实际培训任何人，则可选择在他们影响范围内的潜在培训对象，并为这些人祷告。

- 两人组一起祷告。

学习

模仿呱呱鸡！

> "今天我要做一件事，希望你们今后永远不要忘记。大家站成一圈，看着我。我要你们模仿我的动作。"

- 第一次，先示范一个简单的手势让每个人能够模仿。例如说：打哈欠、拍打脸颊、揉手肘等。慢慢做手势，务求简单，能使每个人简单学会。

> "模仿我做这个动作容易吗？为什么容易，如果觉得不容易，理由是什么？"

> "模仿我的这个动作是很容易的，因为我把手势做得很简单。现在，我还是希望你们接下来能模仿我的动作。记住，要切实模仿每个细节哦。"

- 第二次，示范的动作应该是结合了呱呱鸡舞、约翰·屈弗塔跳迪斯科以及狐步舞等三种类型的动作。

- 试着创作出你独一无二的复杂舞步,使得没人能够模仿。可能有些学员愿意试着模仿,但是多数人都会笑着说不可能模仿这样的动作。

"这一次要模仿我的动作容易吗?为什么容易,如果觉得难,又是为什么?"

"我们现在教给大家的课程就是可复制性非常高的。当我们用这样的方法教课,你们可以轻易地转授他人,并推广开去。当课程太复杂的时候,就不容易彼此分享了。当你去研究耶稣教学的方法,会发现他分享的课都是很简单的,使得别人能够记住并传播开去。当我们培训别人时应效仿耶稣的方法。"

回顾

每次回顾的环节是相同的。要求学员起立并背诵之前学过的课程。应确保他们在背诵时配上相应手势。

帮助我们跟随耶稣的八幅画像是指什么?

士兵、找寻者、牧人、撒种人、神子、圣者、仆人及管家

倍增

管家会做的三件事是什么?

神对世人的第一条命令是什么?

耶稣对世人的最后一条命令是什么?

我应该怎么做才能倍增信徒?

以色列境内的两个海的名称是什么？

为什么这两个海不一样？

你想成为哪个海？

爱

牧人会做哪三件事

教授他人时最重要的诫命是什么？

爱源自何处？

简单敬拜是指什么？

为什么要进行简单敬拜？

简单敬拜需要几个人参与？

祷告

圣人会做哪三件事？

我们应该如何祷告？

神会如何回应我们？

上帝的电话号码是多少？

耶稣是什么样的?

--《马可福音》10:45--因为人子来，并不是要受人的服侍，乃是要服侍人，并且要舍命，作多人的赎

价。(NLT)

"耶稣是个仆人。耶稣的热情就是服侍他的父,把他的生命献给世人。"

仆人
🖐作用锤子敲钉子的动作

仆人会做的三件事是什么?

--《腓立比书》2:5-8--你们当以基督耶稣的心为心。他本有神的形像,不以自己与神同等为强夺的,反倒虚己,取了奴仆的形像,成为人的样式。既有人的样子,就自己卑微,存心顺服,以至于死,且死在十字架上。

1. 仆人帮助别人。

   "耶稣死在十字加上来帮助我们重回上帝的怀抱。"

2. 仆人有一颗谦虚的心。

3. 仆人服从他的主人。

   "耶稣听从他的父。我们也必须遵从我们的主人。"

   "耶稣为赎我们的罪死在十字加上。他谦卑自身,并总是遵从他的父。耶稣是个仆人,他与我们同在。当我们效仿他,我们也会成为仆人。我们将帮助别人,怀着谦虚的心,并遵从我们的主人•耶稣。"

世上有最高权柄的是谁?

--《马太福音》28:18--耶稣进前来,对他们说:"天上地下所有的权柄都赐给我了。"

"耶稣具有世上最高的权威。他具有比我们的父母、教师以及政府官员更多的权柄。实际上,他比我们地球上所有人加起来还要更有权威。正因为他有最高权柄,当他命令我们,我们应该在别人之前遵从他。"

耶稣给信徒的四条命令是什么?

--《马太福音》28:19-20a--所以,你们要去使万民作我的门徒,奉父、子、圣灵的名给他们施洗。凡我所吩咐你们的,都教训他们遵守,我就常与你们同在,直到世界的末了。

前行

✋ 手指移动作"走路"状。

培养门徒

✋ 用上简单敬拜的全部四个手势:称颂、祷告、学习及练习。

施洗

✋ 一手放在另一边的手肘上。上下移动手肘,好像正在为人施洗。

教授他们遵从主的命令

✋ 双手并起好像正在看书,然后把"书"前后左右移动,好像正在教别人念书。

我们应该如何遵从耶稣?

"我希望和你们分享三个故事,来演示上帝希望我们如何遵从他。仔细听,这样等一下我们练习时你才能重复这些故事给你们的练习伙伴听。"

始终如一

"有个儿子告诉自己的爸爸,他一年到头大部分时间都会听爸爸的话,只有一个月除外。在那一个月里,他可以做任何他喜欢的事情(例如喝酒、逃课等)。你们猜他爸爸会怎么说?

"还是这个男孩,告诉他的父亲:'一年里面我除了一个星期之外,其他时间都听你的。只有那个星期我可以随心所欲。'(例如吸毒和逃家等)。你们猜他爸爸会怎么说?

"接着,这男孩又说:'一年到头我都听那你的,只有一天例外。那一天我能够随心所欲'(例如结婚或谋杀别人等。)你们猜他爸爸会怎么说?

"我们希望我们的小孩始终能够听话。同样地,耶稣给我们命令,他也希望我们始终能够遵从。"

始终如一
👉 右手从身体左侧移动到右侧。

立刻

"有个女孩非常爱她的母亲。她母亲病得很重,快要死了。母亲对女孩说:'请给我一点水。'女儿说:'好的,行…(短暂停顿)下周吧。'你们觉得母亲会怎么说?"

"我们希望我们的小孩能立刻听从我们,而不是等他们方便的时候再听我们的命令。同样地,耶稣给我们命令,也希望我们立刻遵从他,而不是在将来某刻再去做。"

立刻
👋双手从上移动到下方做"切"的动作。

怀着敬爱之心

"有个年轻人很想结婚。我告诉他我能给他做个机器人老婆，会听从他所有的指令。当他下班回家，机器人会说：'我真爱你。你工作真勤奋。'如果他要求任何事，他的机器人老总是会说：'好的，亲爱的。你是世上最伟大的人。'你们觉得我那个年轻朋友会喜欢这样的老婆吗？（说机器人的台词时尽量模仿机器人的语音语调。）。

"我们希望我们得到的爱来自真心实意，而不是程序设置好的机器人。我们需要真爱。同样地，上帝希望我们用敬爱之心去遵从。"

怀着敬爱之心
👋双手在胸前交叠，接着高举双手称颂上帝。

- 重复几遍上述三种手势：

"耶稣希望我们遵从他：始终如一、立刻并且怀着敬爱之心。"

"耶稣给了我们每个信徒上述四个命令。我们应该如何遵从？"

他命令我们前行。

👋手指移动作"走路"状。

我们应如何遵从？

"始终如一、立刻并且怀着敬爱之心。"

他命令我们培养门徒。

🖐 用上简单敬拜的全部四个手势：称颂、祷告、学习及练习。

我们应如何遵从？

"始终如一、立刻并且怀着敬爱之心。"

他命令我们施洗。

🖐 右肘放在左掌上。右手臂前倾然后收回。

我们应如何遵从？

"始终如一、立刻并且怀着敬爱之心。"

他命令我们教会别人遵从他的命令。

🖐 双手并起好像正在看书，然后把"书"前后左右移动，好像正在教别人念书。

我们应如何遵从？

"始终如一、立刻并且怀着敬爱之心。"

耶稣应许他的信徒什么？

——《马太福音》28:20b——我就常与你们同在，直到世界的末了。

"耶稣永远与我们同在。此时此刻他就与我们同在。"

背诵《圣经》段落

--《约翰福音》15:10--你们若遵守我的命令，就常在我的爱里；正如我遵守了我父的命令，常在他的爱里。(NLT)

- 所有人起立并一起朗读上述段落。前六次，学员可以借助《圣经》或学员笔记。后四次，应背诵段落。学员每次引述《圣经》段落时都应先讲出具体章节，读完后全体就座。

- 跟着这个程序，培训师得以了解哪些小组完成了"练习"部分的课程。

练习

- 此环节要求学员两两对面而坐。双方轮流教授对方课程。

  "两人组中较高的那个作为领导者。"

- 按照25页上的"培训培训师"流程开始培训。

- 强调你要求他们完全按照你在"学习"环节教他们的那样去做。

  "问问题，一起朗读经文，并以我培训你们时候的方式回答问题。"

- 每对学员互相教授课程以后，要求学员换一个伙伴重新开始轮流教授。要求学员想出一个他们准备分享此课程的对象。

"用几分钟时间想一下,在课堂之外你愿意与谁分享这堂课。把这个人的名字写在本课第一页的上方。"

收尾

立根基于磐石

- 请三个志愿者上来完成下一个情景剧:两个来演,另一个做旁白。让两个志愿者站在你面前,旁白站在一边。两个演角色的志愿者应是男性学员。

- 要求旁白朗读《马太福音》7章24-25节。

  "聪明人把房子盖在磐石上。"

  --《马太福音》7:24,25•"所以,凡听见我这话就去行的,好比一个聪明人,把房子盖在磐石上。雨淋,水冲,风吹,撞着那房子,房子总不倒塌,因为根基立在磐石上。"(CEV)

- 在旁白朗读段落后,解释聪明人遇到了些什么,一边把水倒在第一个志愿者头上一边发出类似大风吹的声音。

- 在情景剧开始之前把水瓶藏在就近的地方。

- 要求旁白朗读《马太福音》7章26-27节。

  "无知者把房子盖在沙土上。"

  --《马太福音》7:26-27-- 凡听见我这话不去行的,好比一个无知的人,把房子盖在沙土上。雨淋,水冲,风吹,撞着那房子,房子就倒塌了,并且倒塌得很大。(CEV)

- 在旁白朗读之后，解释无知者的遭遇。一边在第二个志愿者头上倒水一边发出类似大风吹的声音。第二个志愿者在情景剧最后当你说到："并且倒塌得很大"时应倒地。

"当我们遵从耶稣的命令，我们就如聪明人。当我们不这样做，我们就是无知者。我们应该确保我们正在培训的这些人，以遵从耶稣的命令为他们生活的基准。主的话为我们度过生活的艰难时刻提供坚实的基础。"

《使徒行传》 29 章地图 – 第1部分

- 在"根基"情景剧之后，给每个学员一张海报大小的纸、一些笔、铅笔、彩色笔、蜡笔以及马克笔等。

- 向学员们解释，每个人都必须画一张图，展示神曾召唤他们所去之处。在整个培训课上可数次让学员来完成此图。学员们也可以在晚上完成图画。这张地图代表了他们是如何遵从耶稣的命令去到世人之中的。

- 要求学员们画出神曾经召唤他们所去过的一个地方的地图。地图应包括道路、河流、山川、地标等等。如果学员不清楚神曾或在什么地方召唤他们，则鼓励他们画出自己生活和工作的地方，或者是他们身边重要的人生活的地方。这将会是一个很好的出发点。

可能用到的地图标记

房屋

医院/诊所

庙宇

教堂

家庭式教会

军队基地

清真寺

学校

市集

学员们如能做到如下几点则能画出更好的地图：

- 先画草图，接着拷贝到干净的纸张上。

- 在教室内走动，看看别人是怎么画地图的，以获得更好的灵感。

- 学员必须了解到他们会在培训结束时把这张地图呈现给大家看。

- 运用蜡笔或者彩色笔使得地图更具丰富色彩。

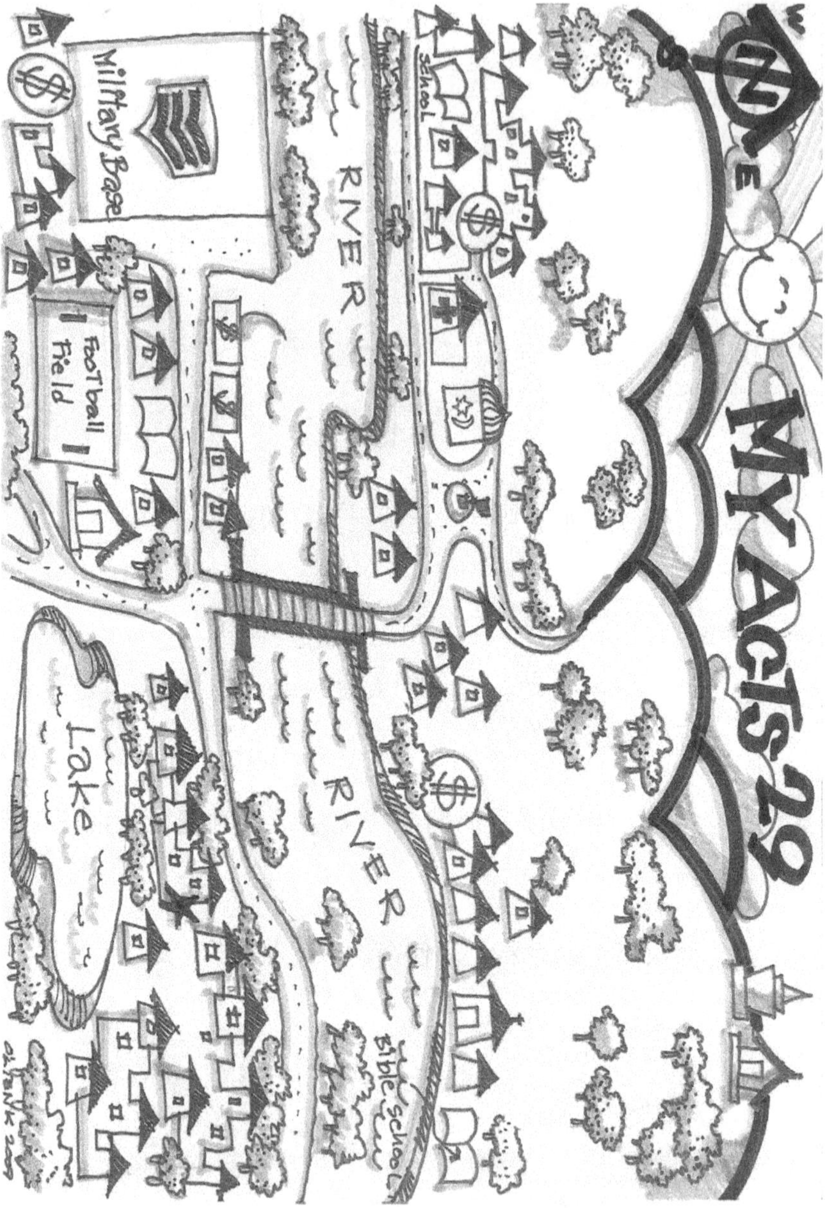
MY ACTS 29
Military Base
School
RIVER
Football Field
Lake
RIVER
Bible School

6 前行

前行把耶稣作为神子的形象介绍给学员：一个尊敬父亲、渴望团结、并且希望家族兴旺的子女。圣父称呼耶稣为"亲爱的"，圣灵在耶稣洗礼时降临。耶稣能成功完成他的使命，因为他依靠圣灵的力量。

同样，我们在生活中也必须依靠圣灵的力量。关于圣灵，我们要遵从四个诫命：顺圣灵而行，不要让圣灵担忧，让圣灵充满心中，不要熄灭圣灵。耶稣今天与我们同在，正如他当初帮助那些前往加利利海的人们一样，要帮助我们。如果我们在追随耶稣的过程中受到阻碍，我们可以求助耶稣获得治愈。

称颂

- 要求某个学员祷告祈求神的显现和佑护。

- 共同颂唱两段颂歌或赞美诗。

祷告

- 将学员们分成两人一组，注意其伙伴应该是之前没有合作过的。

- 每个学员与其组内伙伴分享他们对如下问题的答案：

    1. 我们应该如何为我们身边的迷失人群祷告？

    2. 我们应该如何为你所培训的小组祷告？

- 如果学员的组内伙伴还未开始实际培训任何人，则可选择在他们影响范围内的潜在培训对象，并为这些人祷告。

- 组内伙伴一起祷告。

学习

没油了

如果我把摩托车到处乱开并且从不加油，你会怎么想？

- 找一个志愿者。这个志愿者就是你的"摩托车"。催促你的摩托车去工作，去学校，去市场，去拜访朋友。在朋友家里，他们要求和你一起骑你的"摩托车"。让他们上车，并且推他们前进。向学员展示这些事情多么令人精疲力尽。

    "显而易见，如果给车加上油，做起这些事情来就容易多了。"

- 转动钥匙，启动你的"摩托车"，确保志愿者发出摩托车运转的声音。

- 如果车声音不正常，你可能需要停下来进行数次检查维修。照前述进行一系列同样的骑车行为，但是这次不再费力了，因为你不需要去推动你的车。当你的朋友再要求搭车，让他们上来，并且对他们说："没问题，这车有足够的油。"

"摩托车就像我们的灵性生活。很多人依靠他们自己的力量推动他们的灵性生活，结果，他们向基督前行之路变得困难，以至于他们想要放弃。但有些人在他们的生活中发现了圣灵的力量，它就像摩托车的油。圣灵给了我们力量去遵循耶稣的指令。"

回顾

每次回顾的环节是相同的。要求学员起立并背诵之前学过的课程。应确保他们在背诵时配上相应手势。

帮助我们跟随耶稣的八幅画像是指什么？

士兵、找寻者、牧人、撒种人、神子、圣者、仆人及管家

倍增

    管家会做的三件事是什么？

    神对世人的第一条命令是什么？

    耶稣对世人的最后一条命令是什么？

    我应该怎么做才能倍增信徒？

    以色列境内的两个海的名称是什么？

    为什么这两个海不一样？

    你想成为哪个海？

爱

    牧人会做哪三件事？

    教授他人时最重要的诫命是什么？

    爱源自何处？

    简单敬拜是指什么？

    为什么要进行简单敬拜？

    简单敬拜需要几个人参与？

祷告

    圣人会做哪三件事？

    我们应该如何祷告？

    神会如何回应我们？

    上帝的电话号码是多少？

遵从

    仆人会做哪三件事？

    谁有最高的权威？

    耶稣给每个信徒的四条诫命是什么？

    我们应该如何遵从耶稣？

耶稣承诺了我们什么？

耶稣是什么样的?

--《马太福音》3:16-17--耶稣受了洗，随即从水里上来。天忽然为他开了，他就看见神的灵仿佛鸽子降下，落在他身上。从天上有声音说："这是我的爱子，我所喜悦的。"(HCSB)

"耶稣是一个神子。耶稣最喜欢描述自己为'人的儿子'。他是第一个叫永在的神为'父亲'的。因为耶稣的复活，现在我们也被纳入神的怀抱。"

儿子/女儿
✋手在嘴边挥动就像你正在吃东西。儿子们吃的很多！

神子会做哪三件事？？

--《约翰福音》17:4, 18-21--（耶稣说…）我在地上已经荣耀你，你所托付我的事，我已经成全了。就像你送我到这个世界上，我已经把他们送到这个世界上。我把我自己奉献给他们，他们能够因你的真理而神圣。我为信徒祷告也为那些通过信息也相信我的人祷告。我祈求他们为一体，就像你我为一体-你存在于我，父亲，就像我存在于你。他们存在于我们，如此这个世界就会相信你派我来。（NLT）

1. 儿子为父亲添荣耀。

   耶稣在世上时，为他的父亲增添荣耀。

2. 儿子要家庭合一。

   耶稣要他的追随者合一，正如他和他的父亲是一体。

3. 儿子要家庭兴旺。

就像神派耶稣到世上兴旺信徒一样，耶稣也派我们做同样的事情。

"耶稣是神子，他和我们在一起。当我们跟随他，我们就成为他的儿女。我们会为我们的天父增添荣耀，希望天下信徒合一，并一起兴旺神的王国。"

为什么耶稣会成功完成使命？

--《路加福音》4:14--（在受试探后）耶稣被圣灵充满，回到加利利，他的名声传遍四方。(NASB)

"圣灵给了耶稣成功的力量。耶稣以神的力量，而不是他自己的力量完成使命。当我们跟随耶稣，我们复制耶稣的行为方式。耶稣一直依靠圣灵。耶稣都必须依靠圣灵，我们更应该如此！"

¿Qué Prometió Jesús Sobre el Espíritu Santo a los Creyentes Ante la Cruz?

--《约翰福音》14:16-18--我要求父，父就另外赐给你们一位保惠师，叫他永远与你们同在，就是真理的圣灵，乃世人不能接受的。因为不见他，也不认识他；你们却认识他，因他常与你们同在，也要在你们里面。也要在你们里面。我不撇下你们为孤儿。我必到你们这里来。

1. 他会带给我们圣灵。

2. 圣灵将会与我们同在。

3. 圣灵将会充满我们心中。

4. 我们将永远被纳入神的国度。

"我们归属于神的国度，因为圣灵与我们同在。"

复活之后，耶稣对信徒许诺了关于圣灵的什么事？

--《使徒行传》1:8--但圣灵降临在你们身上，你们就必得着能力；并要在耶路撒冷、犹太全地和撒玛利亚，直到地极，作我的见证。(NLT)

"当圣灵降临到我们身上，我们会得到力量。"

关于圣灵，我们必须遵从的四个诫命是什么？

--《加拉太书》5:16--我说：你们当顺着圣灵而行，就不放纵肉体的情欲了。 (NASB)

顺圣灵而行

- 选择一个志愿者。最好是男/男合作或者女/女合作，而不是男女搭配。（如果当地文化认可男女搭配表演此情景剧，则另当别论。）

  "我和我的搭档将演示与圣灵同行的真理。在这个表演中我饰演我自己，我的伙伴代表圣灵。圣经说："顺圣灵而行。"

- 和你的搭档示范"顺圣灵而行"。让你的搭档做"圣灵"。你和你的搭档手牵手，肩并肩，并互相交谈着共行。当圣灵想去那里，跟着他/她。尽管有时候，你有点想偏离圣灵要去的方向。一路和你的搭档在一起，正如圣灵不会离开我们。有时表现出挣扎，因为圣灵去一个方向，而你想去另外一个方向。

"我们要走圣灵指引的路，而不是自己想去的方向。有时候我们想朝自己希望的方向走，这就会产生灵性的问题，并引发内心巨大的冲突。"

顺圣灵而行
✋双手手指朝下摆动，模拟走路的样子。

--《以弗所书》4:30--不要叫神的圣灵担忧，你们原是受了他的印记，等候得赎的日子来到。（HCSB）

不要让圣灵担忧

"圣经说：'不要叫神的圣灵担忧。'圣灵有情感，我们会让他感到悲伤。"

- 和圣灵（你的搭档）四处走走，并开始说组内其他人的闲话。当你这样做时，圣灵开始担忧。假装和另外一个学员挑起争端，使圣灵再次担忧。

"注意你的一言一行，因为圣灵与你同在，并会为你担忧。我们的言行会使圣灵悲伤。"

不要让圣灵担忧。
✋就像在哭一样揉眼睛，然后摇头表示"不"。

--《以弗所书》5:18--不要醉酒，酒使人放荡，而要被圣灵充满…（NLT）

让圣灵充满心中

"圣经说，'让圣灵充满心中'的意思是我们生活中随时随地，时时刻刻都需要圣灵。"

"当我们接受基督，我们接受了这世上所有的圣灵。我们无法再得到'更多'圣灵，然而，圣灵却可以得到'更多'的我们。我们可以选择，在我们的每日生活中该如何让圣灵充满心中。这个诫命就是指让圣灵充满我们生活的每一点滴。"

让圣灵充满心中
🖑双手从脚部顺势上移到头顶。

--《帖撒罗尼迦前书》5:19--不要熄灭圣灵。(NASB)

不要熄灭圣灵

"圣经说：'不要熄灭圣灵'，意思是我们不能试图阻止圣灵在我们生活中的作用。"

- 和圣灵（你的搭档）到处走走，并告诉组内成员圣灵要让你们向某个学员作见证。你拒绝见证，找个借口离开并继续前行。圣灵接着要求你为一个病人祷告，你又拒绝了，找个借口，并向另外一个方向走开。

"我们经常妨碍神，找借口去做自己要做的事情，而不是遵守圣灵的旨意。我们会因为自己的不作为及沉默而使圣灵熄灭。这就像是熄灭与我们同在的圣灵之火。"

不要熄灭圣灵
🖑右手食指竖起好像一支蜡烛。做出试图吹灭它的动作，接着摇头表示"不"。

背诵《圣经》段落

--《约翰福音》 7:38--信我的人，就如经上所说"从

他腹中要流出活水的江河来"。（NLT）

- 所有人起立并一起朗读上述段落。前六次，学员可以借助《圣经》或学员笔记。后四次，应背诵段落。学员每次引述《圣经》段落时都应先讲出具体章节，读完后全体就座。

- 跟着这个程序，培训师得以了解哪些小组完成了"练习"部分的课程。

练习

- 此环节要求学员两两对面而坐。双方轮流教授对方课程。

    "两人组中住得离开培训地点较远的那个作为领导者。"

- 按照25页上的"培训培训师"流程开始培训。

- 强调你要求他们完全按照你在"学习"环节教他们的那样去做。

    "问问题，一起朗读经文，并以我培训你们时候的方式回答问题。"

- 每对学员互相教授课程以后，要求学员换一个伙伴重新开始轮流教授。要求学员想出一个他们准备分享此课程的对象。

    "用几分钟时间想一下，在课堂之外你愿意与谁分享这堂课。把这个人的名字写在本课第一页的上方。"

收尾

这是一个很有意义的传道环节。如果你时间不够,可以把这部分放在下堂课的开始或者另外找时间做。如果你们组想在晚上的研讨会做简短的敬拜,也可以使用这个环节。

耶稣与我们同在

--《希伯来书》13:8--耶稣基督昨日今日一直到永远,是一样的。(CEV)

--《马太福音》15:30-31--有许多人到他那里,带着瘸子、瞎子、哑巴、有残疾的和好些别的病人,都放在他脚前。他就治好了他们。甚至众人都希奇,因为看见哑巴说话,残疾的痊愈,瘸子行走,瞎子看见,他们就归荣耀给以色列的神。(NASB)

--《约翰福音》10:10--盗贼来,无非要偷窃、杀害、毁坏;我来了,是要叫人得生命,并且得的更丰盛。

"《希伯来书》13章8节写道,基督耶稣永不改变!昨天,今天,和未来永远都是一样的。"

"《马太福音》15章30节写道,耶稣治愈了患有各种病的人。"

"《约翰福音》10章10节写道,撒旦带来偷盗杀戮和破坏;耶稣赐给我们丰富的生命。"

"事实上,我们知道耶稣此时此刻就与我们同在。如果你的生活需要救治,他希望立刻为你救治,正如他在《马太福音》15章中所做。撒旦想要杀害你并偷盗,而耶稣想要给你丰盛的生命。"

"《马太福音》15章30节写道，也许你可以在精神上与他人沟通。"

"你的前进因耶稣而有力，还是会因撒旦而瘸腿？"

🖐一瘸一拐地前进。

"耶稣在这里，请求他，他会治愈你，这样你就能与他再次同行。"

"你能看到神对我们的作用吗？还是说撒旦已经你沮丧，蒙蔽你的双眼？"

🖐蒙上你的眼睛。

"耶稣在这里，请求他，他会治愈你，这样你能重新看见他对我们的作用。"

"你会和你周围的人分享耶稣的好消息，还是你保持缄默？"

🖐捂住嘴巴。

"耶稣在这里，请求他，他会治愈你，这样你就能重新勇于与他人谈论他。"

"你在帮助别人吗？还是说你受撒旦之伤害已不能给予他人一点帮助？"

🖐提起你的手臂晃动，好像它受了伤。

"耶稣在这里，请求他，他会治愈你，这样你能甩掉过去，重新与他一起前行。"

"在你的生命中，是否有这样那样的问题在阻止你全身心地追随耶稣？"

"无论什么痛苦，耶稣与你同在，他能治愈你。大声呼唤耶稣，让耶稣治愈你，并荣耀神！"

- 组内同伴互相祷告，祈求耶稣解救他们，使他们得以摆脱阻止他们全心跟随主的困扰。

7 去向

去向把耶稣作为找寻者的形象介绍给学员：找寻者找寻新的地方，迷失人群和新的机会。耶稣是怎么决定去哪里传教的？他并没有自行决定，而是找寻神的旨意在那里起作用。他听从神的意思，他知道神爱他，并会指引他。那我们怎么决定去哪里传教呢？•和耶稣一样。

神的旨意在哪里起作用？他救助那些穷人、受掠夺的人、病人和被压迫的人们。神同时看顾我们的家庭。他希望能拯救我们整个家族。学员可以用《使徒行传》第29章的地图来确定自己身边需要传教的人和地方。

称颂

- 要求某个学员祷告祈求神的显现和佑护。

- 共同颂唱两段颂歌或赞美诗。

祷告

- 将学员们分成两人一组，注意其伙伴应该是之前没有合作过的。

- 每个学员与其组内伙伴分享他们对如下问题的答案：

1. 我们应该如何为我们身边的迷失人群祷告？

2. 我们应该如何为你所培训的小组祷告？

- 如果学员的组内伙伴还未开始实际培训任何人，则可选择在他们影响范围内的潜在培训对象，并为这些人祷告。

- 组内伙伴一起祷告。

学习

回顾

每次回顾的环节是相同的。要求学员起立并背诵之前学过的课程。应确保他们在背诵时配上相应手势。

帮助我们跟随耶稣的八幅画像是指什么？

士兵、找寻者、牧人、撒种人、神子、圣者、仆人及管家

爱

牧人会做哪三件事？

教授他人时最重要的诫命是什么？

爱源自何处？

简单敬拜是指什么？

为什么要进行简单敬拜？

简单敬拜需要几个人参与？

祷告

圣人会做哪三件事？

我们应该如何祷告？

神会如何回应我们？

上帝的电话号码是多少？

遵从

仆人会做哪三件事？

谁有最高的权威？

耶稣给每个信徒的四条诫命是什么？

我们应该如何遵从耶稣？

耶稣承诺了我们什么？

前行

神子会做哪三件事？

耶稣的传道力量源自哪里？

在十字架前，耶稣对信徒许诺了关于圣灵的什么事？

在耶稣复活后，他对信徒许诺了关于圣灵的什么事？

关于圣灵，我们必须遵从的四个诫命是什么？

耶稣是什么样的？

--《路加福音》19:10--人子来，为要寻找、拯救失丧的人。(NASB)

"耶稣是个找寻者。他找寻迷失的人。他的一生也以也寻求神的旨意和王国为第一要务。"

找寻者
🖐手搭眼睛上，前后找寻。

找寻者会做哪三件事？

--《马可福音》1:37, 38--遇见了就对他说："众人都找你。"耶稣对他们说："我们可以往别处去，到邻近的乡村，我也好在那里传道，因为我是为这事出来的。"

1. 找寻者喜欢寻找新的地方。

2. 找寻者希望到找迷失的人群。

3. 找寻者希望找到新的机会。

"耶稣是找寻者，他和我们同在。当我们追随他，我们也会变成找寻者。"

耶稣怎样决定到哪里去传道？

--《约翰福音》5:19, 20-- 耶稣对他们说："我实实在在地告诉你们：子凭着自己不能作什么，惟有看见父所作的，子才能作；父所作的事，子也照样作。父爱子，将自己所作的一切事指给他看，还要将比这更大的事指给他看，叫你们希奇。"

"耶稣说,我一个人什么也做不了。"

👋把一只手放在胸口上并摇头表示"不"。

"耶稣说,我希望找寻神的旨意在哪里作用。"

👋把一只手放在眼睛上面,左右找寻。

"耶稣说,神的旨意在哪里,我就到哪里加入他。"

👋用手指着前面的一个地方并点头表示"是"。

"耶稣说,我知道神爱我,并会指引我。"

👋双手向上做赞颂状,然后在胸前交叠。

我们怎么决定去哪里传道?

--《约翰一书》2:5, 6--凡遵守主道的,爱　神的心在他里面实在是完全的。从此我们知道我们是在主里面。人若说他住在主里面,就该自己照主所行的去行。(NLT)

"我们应以耶稣的方法决定去哪里传道:"

"我一个人什么也做不了。"

👋把一只手放在胸口上并摇头表示"不"。

"我希望找寻神的旨意在哪里行事。"

👋把一只手放在眼睛上面,左右找寻。

"神的旨意在哪里行事,我就到那里加入他。"

👋用手指着前面的一个地方并点头表示"是"。

"我知道神爱我，并会指引我。"

☙双手向上做赞颂状，然后在胸前交叠。

我们如何得知神的旨意在起作用？

--《约翰福音》6:44--若不是差我来的父吸引人，就没有能到我这里来的；到我这里来的，在末日我要叫他复活。

"若你发现有人想更多地知晓关于耶稣的事，那么你就知道是神的旨意在起作用。《约翰福音》6章44节写道，只有神能把人带到他身边。我们提问，播下灵性的种子，并查看是否有反响。如果他们响应，我们知道神的旨意在那里。"

耶稣在哪里传福音？

--《路加福音》4:18-19-- 主的灵在我身上，因为他用膏膏我，叫我传福音给贫穷的人；差遣我报告：被掳的得释放，瞎眼的得看见，叫那受压制的得自由，报告神悦纳人的禧年。(NASB)

1. 在贫穷的人中间。

2. 在被掠夺的人中间。

3. 在病人（瞎子）中间。

4. 在被压迫的人中间。

"耶稣为这些人传道。然而，重要的是要记住耶稣没有去给每一个穷人或者受压迫的人传道。与之相反，我们自己却试图去帮助到每一个人。耶稣找寻他的父旨意所在并加入神的工作。我们也要如此。如果我们试图给每一个受压迫的人传道，这就明确表示我们正在以自己的力量传道，而不是与神的旨意同行。"

耶稣另一个传福音的地方是哪里？

"你知道神爱你的整个家庭吗？他的旨意是拯救全家，并和他永在一起。《圣经》中有很多神拯救了整个家庭的例子。"

鬼附之人·《马可福音》5章

"鬼附之人被彻底拯救了。他恳求和耶稣同行，但耶稣让他回去告诉家人主为他所作之事。众多邻近村庄的人都惊奇耶稣所作。当神拯救了一个人，他也希望拯救他周围的人们。"

哥尼流·《使徒行传》10章

"神让彼得去向哥尼流说话。当彼得说话时，圣灵充满哥尼流和那些听到话的人，哥尼流相信神，他周围的人也相信了。"

腓利比的禁卒·《使徒行传》16章

"即使地震导致监门大开，保罗和西拉仍在里面。禁卒惊奇，于是相信主耶稣。神也拯救了他全家。"

"永不要放弃信仰，并坚持祷告，祈求你家中每一个人都会被拯救并同享永生！"

背诵《圣经》段落

--《约翰福音》12:26--若有人服侍我，就当跟从我；

我在哪里，服侍我的人也要在那里；若有人服侍我，我父必尊重他。(NLT)

- 所有人起立并一起朗读上述段落。前六次，学员可以借助《圣经》或学员笔记。后四次，应背诵段落。学员每次引述《圣经》段落时都应先讲出具体章节，读完后全体就座。

- 跟着这个程序，培训师得以了解哪些小组完成了"练习"部分的课程。

练习

- 此环节要求学员两两对面而坐。双方轮流教授对方课程。

  "两人组中有较多兄弟姐妹的那个作为领导者。"

- 按照25页上的"培训培训师"流程开始培训。

- 强调你要求他们完全按照你在"学习"环节教他们的那样去做。

  "问问题，一起朗读经文，并以我培训你们时候的方式回答问题。"

- 每对学员互相教授课程以后，要求学员换一个伙伴重新开始轮流教授。要求学员想出一个他们准备分享此课程的对象。

  "用几分钟时间想一下，在课堂之外你愿意与谁分享这堂课。把这个人的名字写在本课第一页的上方。"

收尾

《使徒行传》 29 章地图 – 第二部分

"在第29章地图上,绘制并标记耶稣传福音的地方。在地图上找出至少五处你所知道的耶稣传福音的地方。在每一处打上叉,并标注神的旨意在那里是如何作用的。"

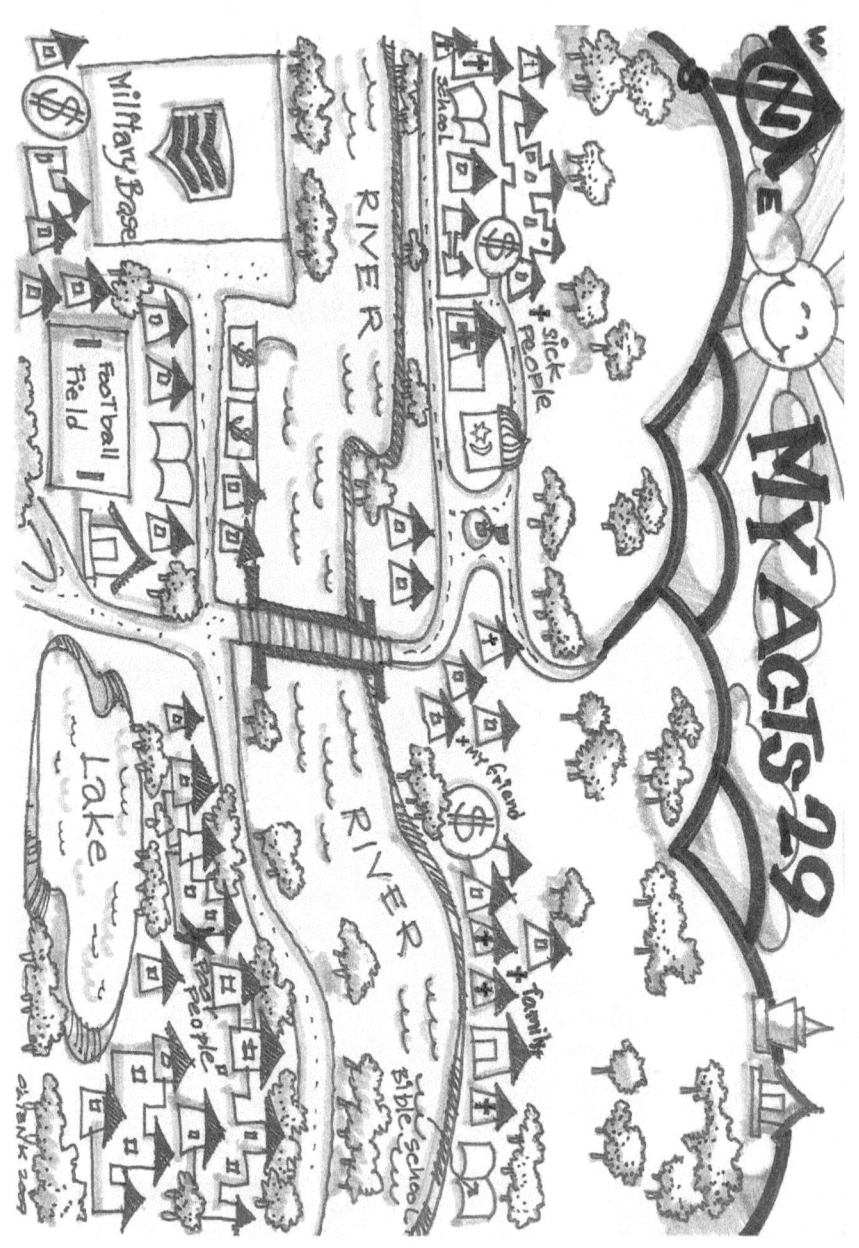

8

分享

分享把耶稣作为士兵的形象介绍给学员：士兵与敌作战，忍受困苦，解放被掠夺者。耶稣是士兵，当我们跟从他，我们也会变成士兵。

我们一加入神的旨意，就会遭遇灵性的斗争。信徒们怎样才能打败撒旦？我们凭耶稣死在十字架上、分享我们的见证，并为了信念不惧怕死亡而击败他。

有力见证包括分享自己遇到耶稣之前的生活，如何遇到耶稣，以及与耶稣同行后的不同生活。如果我们能在三到四分钟内使用通俗易懂的语言完成分享，并不要提到加入信主行列时的年龄（因年龄并不重要），我们的见证会更加有力。

这节课以比赛结束：谁能最快写出他们认识的四十个迷失的人的名字。第一、二和三名会得到奖品，当然最终所有的人都是获胜者，因为我们都学会了如何分享见证。

称颂

- 要求某个学员祷告祈求神的显现和佑护。

- 共同颂唱两段颂歌或赞美诗。

祷告

- 将学员们分成两人一组，注意其伙伴应该是之前没有合作过的。

- 每个学员与其组内伙伴分享他们对如下问题的答案：

    1. 我们应该如何为我们身边的迷失人群祷告？

    2. 我们应该如何为你所培训的小组祷告？

- 如果学员的组内伙伴还未开始实际培训任何人，则可选择在他们影响范围内的潜在培训对象，并为这些人祷告。

- 组内伙伴一起祷告。

学习

回顾

每次回顾的环节是相同的。要求学员起立并背诵之前学过的课程。应确保他们在背诵时配上相应手势。回顾前面四堂课的内容。

帮助我们跟随耶稣的八幅画像是指什么？

士兵、找寻者、牧人、撒种人、神子、圣者、仆人及管家

祷告

圣人会做哪三件事？

我们应该如何祷告？

神会如何回应我们？

上帝的电话号码是多少？

遵从

仆人会做哪三件事？

谁有最高的权威？

耶稣给每个信徒的四个诫令是什么？

我们应该如何遵从耶稣？

耶稣给每个信徒的允诺是什么？

前行

神子会做哪三件事？

耶稣的传道力量源自哪里？

在十字架前，耶稣对信徒许诺了关于圣灵的什么事？

在耶稣复活后，他对信徒许诺了关于圣灵的什么事？

关于圣灵，我们必须遵从的四个诫命是什么？

去向

找寻者会做的三件事是什么？

耶稣如何决定去哪里传道？

我们应如何决定去哪里传道？

我们如何得知神的旨意在起作用？

耶稣在哪里传福音？

耶稣另一个传福音的地方是哪里？

耶稣是什么样的？

--《马太福音》26:53--你想，我不能求我父现在为我差遣十二营多天使来吗？（CEV）

"耶稣是个士兵，他能召来十二营的天使来防御，因他是神之军的总指挥。他和撒旦进行灵性的斗争，最终将他击败在十字架上。"

士兵
👋举起剑。

士兵会做哪三件事？

--《马可福音》1:12-15--圣灵就把耶稣催到旷野里去。他在旷野四十天受撒但的试探，并与野兽同在一处，且有天使来伺候他。约翰下监以后，耶稣来到加利利，宣传神的福音，说："日期满了，神的国近了！你们当悔改，信福音。"（CEV）

1. 士兵与敌作战

"耶稣与敌作战并获胜。"

2. 士兵忍受困苦。

"耶稣在世上忍受了种种艰难。"

3. 士兵解放被掠夺者。

"耶稣的国到来是给人自由的。"

"耶稣是个士兵,他指挥神的军队和撒旦作灵性的斗争。耶稣在十字架上牺牲为我们赢得胜利。因耶稣与我们同在,我们也成为胜利的士兵。为荣耀主,我们也将作灵性的斗争、忍受困苦、并解放受掠夺的人们。"

我们如何才能打败撒旦?

--《启示录》12:11--弟兄胜过它,是因羔羊的血和自己所见证的道。他们虽至于死,也不爱惜性命。 (NLT)

因羔羊的血

"我们胜过撒旦,是因耶稣流在十字架上的血。凭借耶稣和他的所为,我们不仅仅是胜利者。"

羔羊的血
🖐双手中指指向手掌•耶稣受难的手势语。

"当你遭遇灵性的斗争,记住耶稣曾在十字架上击败了撒旦!撒旦每次看到耶稣都颤抖、啜泣哭喊。他求耶稣放了他。"

"好消息是耶稣与我们同在。所以,每次撒旦看到耶稣在我们中,他就开始颤抖、啜泣,像个孩子一样哭泣!因耶稣在十字架上的牺牲,撒旦是被打败的敌手。永远不要忘记:无论多难,我们一定会赢!我们一定会赢!我们一定会赢!"

我们的见证

"我们凭我们有力的见证战胜撒旦。对于我们所见证的耶稣在我们中的所为,没有人能争论。我们任何时间任何地点都可以运用这个武器。"

见证
🖐手放在嘴边作杯状,就像在和别人说话。

不惧怕死亡

"神佑我们永生。和神一起更好;而在此地传福音也是必须。我们不可能失败。"

不惧怕死
🖐两个手腕放在一起就像被链子铐住。

一个有力见证包含哪些内容?

我遇到耶稣之前的生活

之前
🖐指向你的左前方。

"描述你在成为信徒之前的生活是怎样的。如果你是在一个基督教家庭长大,不信教的人对基督教家庭的情况会很有兴趣了解。"

我如何遇到耶稣

如何
🖐指向你的正前方。

"描述你是如何信仰并跟从耶稣。"

遇到耶稣之后的生活

👋 转向右侧并上下移动双手。

"描述你跟随耶稣之后的生活,以及和耶稣的关系对你意味着什么。"

问一个简单的问题

"在见证结束时,问某人:'你想多了解一些关于跟随耶稣的事吗?'这其实是在问'神的旨意在你身上起作用了吗?'"

N指向你的太阳穴•好像你在思考问题。

"如果他们说'是',你就知道神的旨意正在此处起作用。神是唯一能吸引人到他身边的。因此,和他们多分享一些关于跟随耶稣的事情。"

"如果他们说'不',则神的旨意在起作用,但他们还没有准备好如何回应神。问他们你是否可以祷告神保佑他,接着进行祷告,并继续进行下面的步骤。"

见证时要遵从哪些重要准则?

初次见证时间在三到四分钟内。

"这个世界有许多迷失的人。控制首次见证时间有助于你判断哪些人是有反应的,哪些是无动于衷的。最主要的是,要随从圣灵的指引。新信徒会感到三到四分钟的传道更让他们觉得自在,而不是三到四个小时!"

不要告知你成为信徒时的年龄。

"你成为耶稣信徒时的年龄不重要。但是当你分享时，这会给不信教的人传递错误信息。如果他们比你那时年少的话，他们会觉得自己可以等到晚些时候。如果他们比你那时年长，也许他们会觉得自己已经错过机会了。《圣经》写道，今天就是拯救日。谈到你自己信教的年龄只会造成困惑。"

不要使用基督徒的语言

"人们刚成为信徒，就开始使用其他基督徒共同的语言。比如'用羊羔的血洗'、'沿通道走来'、'我和牧师谈话了'这些短语，对于不信教的人来说听起来就像外语一样。我们尽量少用基督徒的语言来分享见证，这样就能尽可能清楚的传达福音。"

背诵《圣经》段落

--《歌林多前书》15:3, 4-- 我当日所领受又传给你们的，第一，就是基督照圣经所说，为我们的罪死了，而且埋葬了，又照圣经所说，第三天复活了……

- 所有人起立并一起朗读上述段落。前六次，学员可以借助《圣经》或学员笔记。后四次，应背诵段落。学员每次引述《圣经》段落时都应先讲出具体章节，读完后全体就座。

练习

- 告诉学习者在十分钟内利用你给他们的内容结构在笔记本上记下他们自身的见证 。他们有10分钟时间准备,接着你会让其中一些学员向全组分享他们的见证 。

- 十分钟时间到,要求学习者放下笔。告诉他们你会让某个学员分享他的见证。停几秒种,然后告诉他们将由你来分享你自己的见证。这时学员们会大大松了一口气!

- 用标准内容格式分享你的见证。 在结束时,一步步回顾内容和准则,并询问学习者你是否正确地分享了见证。

- 在本课的"练习"部分,使用手表计时。把学习者分成两人一组,告诉他们会有三分钟时间互相分享见证。

  "两人中声音较大的那个是领导者,先开始做见证。"

- 为每组中的第一个人计时,在第三分钟时,喊"停"。问他们的组内伙伴,他们是否遵循了有力证言的内容格式和四个准则。然后,让每组的另外一个人开始见证,并之后询问其伙伴的反馈。

- 当每组的两个人都完成分享时,让学习者去找新的伙伴,新小组决定谁是声音最响亮的,并从该学员开始再次练习分享见证。这样重新分组至少四次。

- 每对学员互相教授课程以后,要求学员想出一个在课堂之外他们准备分享此课程的对象,把这个人的名字写在本课第一页的上方。

盐和糖

在某次询问反馈的环节,使用下列演示来强调发自内心分享的重要性。

> "新鲜、成熟的水果如此美味!它如此甘甜、让喜悦弥漫你整个嘴巴!一想到菠萝,我就想到黄黄的、甜甜的,这让我流口水。"

> "不过,我知道还有一个办法让水果的味道更好!加一点盐、糖或胡椒。啧啧啧!真是好吃!我好像已经吃到了!"

> "同样的,当你教授课程或者分享福音时,神的道永远是好的,如同水果。我们应体会他,并认识到神的道之'甜美'。尽管如此,如果你能更充满感情地去分享,就好像在水果里加一点盐、糖或胡椒,会让效果加倍突出!"

> "所以,当你下次和伙伴分享见证时,我希望你们为你们的证言加一点盐、糖或胡椒。"

收尾

谁能最快写出四十个迷失的人的名字?

- 要求每一个人拿出笔记本,从一写到四十。

  > "我们来一个比赛。第一、二和三名会得到奖品。"

- 当你说"开始",每个人开始写下四十个他们认识的迷失的人的名字。如果他们记不住那些人的名字,也可以用诸如"理发师"或者"邮递员"之类表示。确保在你说开始之前，没有人动笔。

- 当你说明规则时，有些人会忍不住偷偷开始。要求所有人在你讲规则时把笔举起来，可避免犯规。

- 开始比赛，请完成的人起立。给第一、二和三名奖品。

  "信徒不能分享见证的原因有二：他们不知道怎么去分享，也不知道和谁去分享福音。在这堂课，我们同时解决了这两个问题。现在，你知道了如何去分享，并有了一个去分享的名单。"

- 要求学习者在名单上其中五个人旁边标上一颗星，鼓励他们在下周和这些人分享见证。

  "看着你的手，你的五个手指提醒你，你每天可以为这五个人祷告。你在洗碗、写作和打字的时候，让这五个手指提醒你去祷告。"

- 要求学习者一起大声为他们名单中那些迷失的人祷告。

- 祷告后，给每一个人一个糖果作为奖励，并告诉他们："我们都是获胜者，因为我们知道和我们生命中的哪些人、如何去分享福音。"

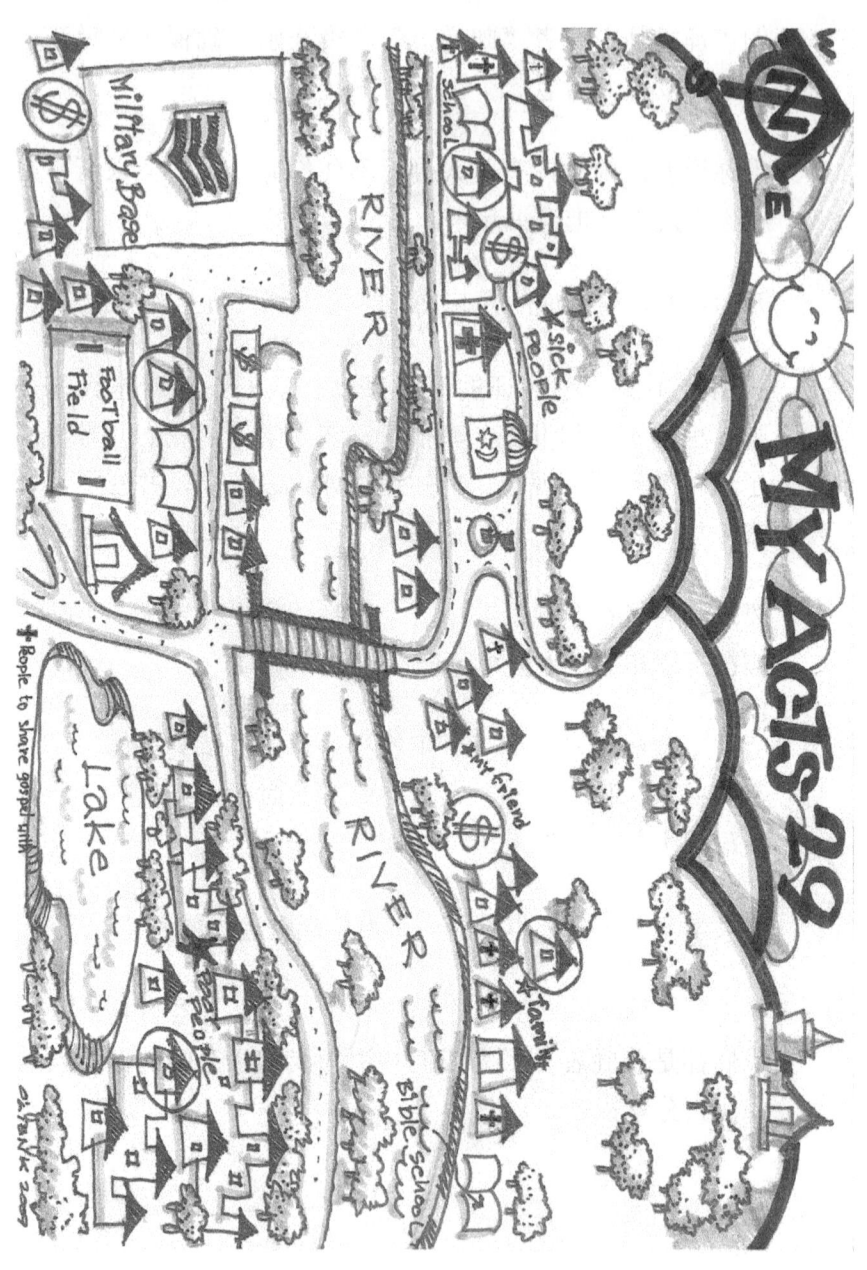

9 撒种

撒种把耶稣作为撒种人的形象介绍给学员：撒种人播种、耕地并丰收。耶稣是撒种人，他与我们同在，当我们跟从他，我们也是撒种人。播种少，收获少；播种多，收获多。

在世人的生活中我们应该播种什么？只有简单福音可以改变他们并把他们带到神那里。一旦我们知道神的旨意在起作用，我们们就和世人分享福音。因为我们知道，那是神在拯救他们。

称颂

- 要求某个学员祷告祈求神的显现和佑护。

- 共同颂唱两段颂歌或赞美诗。

祷告

- 将学员们分成两人一组，注意其伙伴应该是之前没有合作过的。

- 每个学员与其组内伙伴分享他们对如下问题的答案：

1. 我们应该如何为我们身边的迷失人群祷告？

2. 我们应该如何为你所培训的小组祷告？

- 如果学员的组内伙伴还未开始实际培训任何人，则可选择在他们影响范围内的潜在培训对象，并为这些人祷告。

- 组内伙伴一起祷告。

练习

回顾

每次回顾的环节是相同的。要求学员起立并背诵之前学过的课程。应确保他们在背诵时配上相应手势。回顾之前四课。

帮助我们跟随耶稣的八幅画像是指什么？

士兵、找寻者、牧人、撒种人、神子、圣者、仆人及管家

遵从

仆人会做哪三件事？

谁有最高的权威？

耶稣给每个信徒的四条诫命是什么？

我们应该如何遵从耶稣？

耶稣承诺了我们什么？

前行

　　神子会做哪三件事？

　　耶稣的传道力量源自哪里？

　　在十字架前，耶稣对信徒许诺了关于圣灵的什么事？

　　在耶稣复活后，他对信徒许诺了关于圣灵的什么事？

　　关于圣灵，我们必须遵从的四个诫命是什么？

去向

　　找寻者会做的三件事是什么？

　　耶稣如何决定去哪里传道？

　　我们应如何决定去哪里传道？

　　我们如何得知神的旨意在起作用？

　　耶稣在哪里传福音？

　　耶稣另一个传福音的地方是哪里？

分享

　　士兵会做哪三件事？

　　我们如何才能打败撒旦？

　　一个有力见证包含哪些内容？

有哪些重要准则要遵守?

耶稣是什么样的?

-《马太福音》13:36，37--当下耶稣离开众人，进了房子。他的门徒进前来，说："请把田间稗子的比喻讲给我们听。"他回答说："那撒好种的就是人子……"(NASB)

"耶稣是撒种人，也是收获的主。"

撒种人
✋用手撒播种子。

撒种人会做哪三件事?

--《马可福音》4:26-29--又说："神的国，如同人把种撒在地上。黑夜睡觉，白日起来，这种就发芽渐长，那人却不晓得如何这样。地生五谷是出于自然的：先发苗，后长穗，再后穗上结成饱满的子粒。谷既熟了，就用镰刀去割，因为收成的时候到了。"(CEV)

1. 撒种人撒下好种子。

2. 撒种人照料土地。

3. 撒种人期盼收成。

"耶稣是撒种人，他和我们同在。当撒旦想撒坏种时，他在我们心里撒下好种。好种得永生。当我们随从耶稣，我们也是撒种人。我们撒下福音的好种，我们照料神赐予我们的土地，期待好收成。"

什么是简单福音？

--《路加福音》24:1-7--七日的头一日，黎明的时候，那些妇女带着所预备的香料来到坟墓前，看见石头已经从坟墓滚开了。她们就进去，只是不见主耶稣的身体。正在猜疑之间，忽然有两个人站在旁边，衣服放光。妇女们惊怕，将脸伏地。那两个人就对她们说："为什么在死人中找活人呢？他不在这里，已经复活了。当记念他还在加利利的时候怎样告诉你们，说：'人子必须被交在罪人手里，钉在十字架上，第三日复活。'"

首先…

"神创造完美世界。"

✋用双手画一个大圆。

"他使世人成为神的家庭的一份子。"

✋双手紧合在一起。

其次...

"人违背上帝的旨意，把罪恶和痛苦带到世上。"

✋举起拳头假装战斗。

"所以人不得不离开神的家园。"

✋ 紧紧握手然后把手拉开。

第三…

"神派他的子耶稣到世上。他是完人。"

✋双手举过头顶，顺势往下移动。

"耶稣因我们的罪死在十字架上。"

✋双手中指互相放在另一只手的掌心。

"他被埋葬了。"

✋用左手抓住右肘,右臂向身后移动,就像在被埋葬。

"神让他在第三天复活。"

✋再次抬起胳膊,伸出三个手指。

"神看到耶稣因我们的罪而牺牲,并应许了。"

✋ 双手放下,掌心朝外。接着,双臂交叉在胸前。

第四…

"那些相信耶稣是神子的人,已赎了他们的罪……"

✋举起双手,向神表示尊崇。

"并忏悔了他们的罪……"

✋手掌遮盖住脸;头转向一边。

"他们请求被拯救……"

✋双手合起成杯状。

"…这些人被欢迎回到神的家园。"

✋双手再次紧握。

"你准备好回到神的家园了吗？让我们一起祷告。告诉神你相信他创造了一个完美的世界，并派他的儿子用命来赎你的罪。忏悔你的罪，请求他接纳你回到神的怀抱。"

- 重要！借此机会确认你所有的学员都是真正的信徒。给他们机会回答这个问题："你准备好回归神的家园了吗？"

- 和学习者重复几次简单福音流程，直到他们掌握了这个顺序。根据我们的经验，大多数信徒不知道如何分享信仰，花些时间确保每个人都清楚简单福音的意义。

- 逐渐帮助学习者掌握简单福音的顺序和相关手势。从第一步开始，重复数次。然后，分享第二步并重复几次。接下来，把第一步和第二步连起来并重复几次。再接下来，分享第三步并重复几次。再一起回顾第一点、第二点和第三点。最后，教授第四步，重复几次。这样下来，学习者应该能够重复整个顺序和手部动作若干次直到熟练。

背诵《圣经》段落

--《路加福音》8:15--那落在好土里的，就是人听了道，持守在诚实、善良的心里，并且忍耐着结实。

- 所有人起立并一起朗读上述段落。前六次，学员可以借助《圣经》或学员笔记。后四次，应背诵段落。学员每次引述《圣经》段落时都应先讲出具体章节，读完后全体就座。

练习

- 练习前请阅读以下部分！撒种这节课的练习部分和其他课的练习部分不同。

- 要求学员两两对面而站。一起重复简单福音和相关手势。

- 每组完成以后，要求学员换一个伙伴重新开始对面而站，一起重复简单福音和手势。

- 第二组结束后，学员继续寻找新的伙伴，这样轮番练习，直到每个人和八个不同的伙伴一起完成简单福音和手势。

- 当学员完成了八轮练习后，要求大家一起再次完成简单福音和手势，你会惊奇地发现在多次练习后他们能做得很棒！

牢记播撒福音的种子！

"记住，撒下福音的种子！如果没有播种，就没有收获。不种不得，少种少得。如果你撒下很多种子，神会保佑你丰收。你想要什么样的收成？"

"当你询问他人是否想知道更多的怎么去跟从耶稣，如果他们说是的，那么这就是撒播福音种子的时机，神的旨意正在他们身上显现！"

"撒下福音的种子！没有撒种就没有收获。耶稣是撒种人，他希望得到丰收。"

"花点时间想出一个在此次培训之外，你准备分享此课程的对象，并把此人名字写在本课的第一页上方。"

收尾

《使徒行传》29章21节在哪里？

"把你们手里的圣经翻到《使徒行传》第29章21节。"

- 学员会反映说《使徒行传》一共只有28章。

"我的圣经中有第29章。"

- 让几个学员走上前来，指着他们自己圣经的第28章末，说他们也有第29章。

"现在是'第29章'，神正在记录圣灵指引我们在做的事情，总有一天我们会读到这些记录。你希望怎样被记录？你希望被记下什么事迹？我们过去几节课一直在画的地图就是'第29章地图'，同时也是神为我们描绘的传教愿景。现在我要和你们一起分享我的第29章愿景。"

- 和组员一起分享你的第29章愿景。在你的分享中要强调两类人：非信徒和信徒。神鼓励我们和非信徒分享福音，同时培训更多信徒如何去效仿基督并传播教义。

"我们的《使徒行传》第29章地图代表耶稣号召我们背负的十字架。现在我们走进神圣一刻，来向神呈现我们的地图、为彼此祷告、并用我们的生命跟随耶稣。"

《使徒行传》第29章地图 – 第三部分

- 要求学员在他们地图上圈出至少三处可能组建新信徒小组的地方。写出可能的小组领导者和附近可能提供集会地点的家庭。

- 如果他们已经开始一个小组,祝贺他们并让他们在地图上标出。如果还没有,就帮助他们了解神旨意指引的地方。

- 这是学员在演讲之前最后一次准备他们的地图。如果需要就给予更多的时间。

…

10 行动

行动是课程的结束部分。耶稣命我们拿起十字架并每天跟从他。《使徒行传》第29章地图代表了一个十字架,耶稣号召每个学员都要背负起来。

在这最后一课上,学员向小组展示他们的地图。每次演示后,大家把手放在演示者身上和地图上,祈祷神佑。接着,大家一起重复"拿起十字架,随从耶稣"这个命令三次,来发动每个演示者。学员轮流演示他们的第29章地图,直到每个人都演示过了。培训课程以合唱一首表示培养门徒的决心的敬拜歌曲为收尾,并让学员中较为突出的一个灵性领袖带领一个结尾的祷告。

祷告

- 要求大家公推的一个灵性领袖来为这个特殊的信奉时刻做祷告。

回顾

- 每次回顾的环节是相同的。要求学员起立并背诵之前学过的课程。应确保他们在背诵时配上相应手势。本次回顾应回顾所有课程。

帮助我们跟随耶稣的八幅画像是指什么？

士兵、找寻者、牧人、撒种人、神子、圣者、仆人及管家

倍增

　　管家会做的三件事是什么？

　　神对世人的第一条命令是什么？

　　耶稣对世人的最后一条命令是什么？

　　我应该怎么做才能倍增信徒？

　　以色列境内的两个海的名称是什么？

　　为什么这两个海不一样？

　　你想成为哪个海？

爱

　　牧人会做哪三件事？

　　教授他人时最重要的诫命是什么？

　　爱源自何处？

　　简单敬拜是指什么？

　　为什么要进行简单敬拜？

　　简单敬拜需要几个人参与？

祷告

圣人会做哪三件事？

我们应该如何祷告？

神会如何回应我们？

上帝的电话号码是多少？

遵从

仆人会做哪三件事？

谁有最高的权威？

耶稣给每个信徒的四条诫命是什么？

我们应该如何遵从耶稣？

耶稣承诺了我们什么？

前行

神子会做哪三件事？

耶稣的传道力量源自哪里？

在十字架前，耶稣对信徒许诺了关于圣灵的什么事？

在耶稣复活后，他对信徒许诺了关于圣灵的什么事？

关于圣灵，我们必须遵从的四个诫命是什么？

去向

　　找寻者会做的三件事是什么？

　　耶稣如何决定去哪里传道？

　　我们应如何决定去哪里传道？

　　我们如何得知神的旨意在起作用？

　　耶稣在哪里传福音？

　　耶稣另一个传福音的地方是哪里？

分享

　　士兵会做哪三件事？

　　我们如何才能打败撒旦？

　　一个有力见证包含哪些内容？

　　有哪些重要准则要遵守？

撒种

　　撒种人会做哪三件事？

　　我们分享的简单福音是什么样的？

行动　147

学习

耶稣命令他的追随者每天要做什么事？

--《路加福音》9:23--耶稣又对众人说："若有人要跟从我，就当舍己，天天背起他的十字架来跟从我。"

"无穷舍己，拿起你的十字架，跟从耶稣。"

召唤我们拿起十字架的四个声音是什么？

来自天上的声音

--《马可福音》16:15--他又对他们说："你们往普天下去，传福音给万民听。"（NLT）

"耶稣从天堂召唤我们分享福音。他是最高的主，我们应即刻遵从他，永远充满热爱地遵从他。"

"这就是来自天上的声音。"

上面
☝ 手指指向天空。

来自地狱的声音

--《路加福音》16:27-28--财主说："父啊，既是这样，求你打发拉撒路到我父家去，因为我还有五个弟兄，他可以对他们作见证，免得他们也来到这痛苦的地方。"（HCSB）

"耶稣讲述了一个去了地狱的富人的故事。在这个故事中，富人要一个名叫拉撒路的穷人离开天堂来到世上去告诫他的五个弟兄地狱的样子。亚伯拉罕说他们已经有了足够的告诫，拉撒路回不到世上。那些已经死了进了地狱的人召唤我们去分享福音。"

"这就是来自地狱的声音。"

下面
☝ 手指向下指着地。

内心的声音

--《哥林多前书》9:16--我传福音原没有可夸的，因为我是不得已的；若不传福音，我便有祸了。

"保罗心中充满圣灵，促使他去传福音。同样的，圣灵召唤我们拿起十字架去传福音。"

"这是来自内心的声音。"

内心
☝ 手指指向心脏。

外部的声音

--《使徒行传》16:9--在夜间有异象现与保罗：有一个马其顿人站着求他说："请你过到马其顿来帮助我们！"（NLT）

"保罗曾计划去亚洲，但那时圣灵不允许。后来他看到异象，一个马其顿人求他去传福音。世上未受福音之群体召唤我们拿起十字架并传福音。"

"这是来自外面的声音。"

外面
☝ 双手并排弯曲成杯状，表示"过来"。

- 和学员一起复习数次这四种声音和手势，反复询问他们这各是什么声音、来自哪里、表示什么。

演示

《使徒行传》第29章地图

- 把学员分成大约八个人一组。要求每组推选一个灵性领导者带领每个小组。

- 向学员解释下列传教的时间进程。

- 每组围坐一圈。 学员把他们的第29章地图放在圆中心，轮流做演示。然后，组员一起把手放在演示者身上和地图上，祈求神的力量和保佑。

- 每个人都应该一起为演示者大声祈祷。小组领导随着圣灵的指引结束祈祷时间。

- 这时，学员卷起地图，放到肩上，整个小组齐颂三遍："拿起你的十字架，跟随耶稣。"然后，下个学员开始演示他的地图，新的一轮开始。

- 在开始小组演示之前，要求所有学员一起重复三遍"拿起你的十字架，跟随耶稣"，就像他们在每个学员完成演示后一样。这会帮助他们了解如何一起大声诵读。

- 当小组中所有的人都完成演示，该组学员加入另外一个尚未结束的小组，这样下去，一直到所有学员都加入一个大组，并全部完成演示。

- 以一首对大家都富有意义、表示奉献和敬拜的歌曲来结束培训课程。

第三部分
参考文献

进一步研究

如需进一步研究本教材内的题材可参考下列资料。在传教工作领域，下列书单也可作为《圣经》之后第一批推荐翻译的书籍。

Billheimer, Paul (1975). *Destined for the Throne.* Christian Literature Crusade.

Blackaby, Henry T. and King, Claude V (1990). *Experiencing God: Knowing and Doing the Will of God.* Lifeway Press.

Bright, Bill (1971). *How to Be Filled with the Holy Spirit.* Campus Crusade for Christ.

Carlton, R. Bruce (2003). *Acts 29: Practical Training in Facilitating Church-Planting Movements among the Neglected Harvest Fields.* Kairos Press.

Chen, John. *Training For Trainers (T4T).* Unpublished, no date.

Graham, Billy (1978). *The Holy Spirit: Activating God's Power in Your Life.* W Publishing Group.

Hodges, Herb (2001). *Tally Ho the Fox! The Foundation for Building World-Visionary, World Impacting, Reproducing Disciples.* Spiritual Life Ministries.

Hybels, Bill (1988). *Too Busy Not to Pray.* Intervarsity Press.

Murray, Andrew (2007). *With Christ in the School of Prayer.* Diggory Press.

Ogden, Greg (2003). *Transforming Discipleship: Making Disciples a Few at a Time.* InterVarsity Press.

Packer, J. I (1993). *Knowing God.* Intervarsity Press.

Patterson, George and Scoggins, Richard (1994). *Church Multiplication Guide.* William Carey Library.

Piper, John (2006). *What Jesus Demands from the World.* Crossway Books.

附录一

翻译注解

作者同意，在神的旨意下允许把此教程翻译成各国语言。在翻译《信主培训》时请遵循如下原则：

- 我们推荐您在开始翻译工作之前先使用本教程培训他人数次。翻译应更注重意思的传达而不是字面或一字一句的死板翻译。例如，"Walk by the Spirit" 在您持有的《圣经》中被翻译为"靠圣灵得生"，则可直接使用该翻译，并据此调整手势动作的翻译。

- 翻译译文应尽量使用日常语言而不是"宗教语言"。

- 翻译参考使用的《圣经》应是您所在小组多数成员都能读懂的一个版本。如果译文只有一个版本可引用，而该版本又晦涩难懂，则在《圣经》引用时可调整用词，使之意思清晰易懂。

- 对于基督的八幅画像的翻译，使用具有正面含义的词汇。受训小组可能经常需要用不同的词汇练习数次，以找出最正确的词汇。

- "Saint" 一词在您的翻译中应尽量传递以下含义：一个敬拜、祷告并过着高度道德生活的圣洁之人。如果在您的翻译语言中用来描述耶稣之神圣的是同一个词，则不需要另外翻译 "Holy One"。在英语中我们需要同时使用 "Holy One" 因为 "Saint" 一词不足以正确描述耶稣。

- "Servant" 一词可能难以准确翻译，但是必须翻译到位。注意您翻译此词必须传达出被描述之人勤恳工作、谦虚待人并乐于助人。很多国家都有"仆人之心"的说法。

- 我们在东南亚发展了课程内全套情景剧，并使之能广泛适用东南亚文化。请自由适用这些情景剧，并调整其中遣词用句使它们能被学员接受。

- 我们愿意关注您的翻译工作进程，并尽力协助您。

- 如需联系，请发邮件至

  translations@FollowJesusTraining.com 我们将齐心协力使更多人能够信主！

附录二

常见问题

1. 《培养纯粹的门徒》一书主要目的是什么？

   一小群信徒（聚集在一起敬拜、祷告、学习《圣经》、并互相监督跟从耶稣的命令）是任何健康的教会或长期有效的教会运动的基石。我们的目的是通过培训人们去做耶稣筹划的初始三件事：主内成长、传播福音和培养门徒，使得人们能够跟随耶稣的筹划而遍及世界各地。传教士在这个课程中有时可充当催化剂，但永远不会是通过门徒培训门徒这类运动的焦点所在。

   根据我们的经验，多数信徒从未体验过由门徒小组创造的变革性质的教会社团。在通过门徒培养门徒的运动中，家庭成员通过奉献互相之间培养对方成为门徒；教会通过门徒小组以及主日学校课堂培养成员；团契小组培养他们的成员如何去培训他人；而新的教会则通常从小型门徒小组开始发展。门徒小组无处不在。

2. 培训和教授的区别在哪里？

   区别主要在于询问的问题不同。教授主要是思想的充实，而培训则使得心手同时能运用。如使用教授模式，则教师讲得很多，而学生一般只会问几个问题。在培训模式，学员会说很多，而培训师则只问几个问题。在教授环节结束时，通常会听到如下问题"他们喜欢吗？"或是"他们听懂了吗？"。在培训环节终了时，关键问题则是："他们会去这样做吗？"

3. 如果我不能按计划完成培训怎么办？

《信主培训》的培训流程非常重要。不仅要教授学员内容，更要教会他们怎么去培训更多人。如果没有时间完成整个一课，可以把"学习"环节一分为二。宁愿保持培训流程，把课程一分为二，也不要漏掉任何一个环节。

通常我们在授课时容易犯的一个错误是跳过询问环节和练习时间，从而使得这个课程更像传统的《圣经》学习课。然而，门徒倍增的关键要素正是问责环节和学员的练习。千万不要跳过这些内容！相反的，可以把"学习"环节分成两次进行讲解，从而使整个培训流程保持原封不动。

4. 能告诉我该如何开始培训吗？

从自身开始。你无法给予别人你所没有的东西。自己先学这门课程，并每天运用到自己的日常生活中。不要走入常见的误区：认为自己必须达到一定水平才能去培训他人。因为，如果你不给予别人，则自己也无法拥有。如果你是一个信徒，则圣灵充满你的心中并保证你能到达必须的水平，可以开始培训他人。

虽然说你还没有学会就不能去教别人，但是同样的，你还没有开始教别人，就不算真正学会了。去做就行。去教那些完全放任不信主的人。当你为主传播福音，会有更多机会去培训他人。培训5个人和培训50个人要同样集中注意力。种得少，收得少；种得多则收获也多。你培训他人付出的心血越多，得到的收获就越多。

5. "5次原则"是什么？

   学员必须把课程练习5次，才能有自信去培训他人。第一次培训时，学员们会说："真是一门好课。谢谢你。"第二次（在他们培训过别人以后），他们会说："我觉得也许我可以试着培训别人。不过我不确定。"第三次，学员们会说："这门课不像我想象那么难。也许我能教授这门课。"

   第四次，学员们说："我了解了这门课的重要性，我希望能够教授别人。每次练习都觉得比上一次更容易一些。"第五次，他们会说："我可以培训别人，使他们也也能培训更多人。我很有信心，上帝会运用这门课来改变我朋友家人的生活。"

   练习一门课意味着既要"学习"也要"练习"。我们建议学员把练习部分重复两遍。学员可以第一次和自己的祷告伙伴一起练习，然后换个学习伙伴再做一遍。

6. 你为什么要运用那么多手势？

   运用手势一开始会显得很孩子气，但是很快学员们会认识到，手势能够帮助他们很容易记住课程。手势教学能够帮到那些动觉型和视觉型的学员。

   然而，对于手势的运用要小心！提前了解当地学员的文化习俗，确保这些手势在当地文化中不代表任何低俗内容或是具有不同的含义。我们曾在东南亚的一些国家内实地测试过这些手势的含义，但是如能在课前检查一下总是好的。

你会发现医生们、律师们以及其他高学历的学员们兴致勃勃地学习和练习手势，可别太吃惊哦。我们经常收到这样的评论："等得我好苦！终于等到了一门我可以教授别人，而别人也能很容易理解并去做的课程！"

7. 为什么每一课都很简单？

耶稣以简单易记的方法培训我们。我们在教学中使用了真实案例（情景剧）以及故事，因为耶稣也是那么做的。我们认为，一节课只有通过了"餐巾纸测试"（即这节课是否能边吃饭边写在一张餐巾纸上，并立刻被学员学会），才是真的可以复制的课程。《信主培训》中的每节课都简单易学，并依靠圣灵来撒播信主的种子。复制课程的关键点就是课程必须要简单。

8. 人们培训他人时常犯的错误有哪些？

- **他们往往跳过了培训 中的询问环节**：典型的小型教会集会是由敬拜、祷告和研读《圣经》三部分组成。我们的培训也包括了这三部分，但是多了一个"练习"时间以及询问环节。多数人认为当他们向别人询问很多问题时会显得不那么友善，所以他们跳过了询问环节。然而，通过自身为例并向学员提出很多个客观的问题，学习小组能够互相负起学习的责任并真正得到灵性的显著成长。

- **他们只注重部分而不是全部：** 一对一的门徒培训在理论上当然是好的，但是实际上操作性不强。以《圣经》准则似乎只适用于小规模培训门徒。耶稣花了大部分时间和彼得、雅各以及约翰在一起。有一些人陪伴着彼得一起进行了招收门徒的旅程，并帮助组建了耶路撒冷的教会。保罗的书信中则列满了一群一群他所"培训"的门徒。

事实上，你所培训的人中，只有15%到20%的人才会继续去培训他人。但是别对这个数字气馁。即使这样，如果我们能坚持忠诚地广为传播福音的种子，神会带给我们轰轰烈烈的门徒培训运动。

- **他们说得太多**：在一堂典型的90分钟的课程里，培训师对学员的讲解约总占30分钟。学员在培训课上多数时间都用于共同敬拜、祷告、分享以及练习。很多有西方教育背景的培训师会本末倒置，把多数时间花在讲解上面。

- **他们的培训无法复制**：门徒培训运动的关键在于可复制性。因此，你所要培训的重点人群其实根本不在教室内，而是通过一层一层的门徒培训门徒普及推广开去。此课程的一个中心问题是"我所培训的学员能否确切复制我所教的一切并用于教授他人？"如果门徒培训一代传承一代，而每一代都能确切运用你的教学方法和材料去演示和促进培训，你能想象那会多有效吗？ 如果学员能够轻易复制你的教学，那你的培训就是可复制的。如果他们还是需要加以改动，那就表明培训不具有可复制性。

9. 如果我身边的未得福音之群体内没有一个信徒怎么办？

- 学习《信主培训》教材，并开始向身边的未得福音之群体培训并见证福音。《信主培训》为找寻者提供了全面介绍耶稣的画像，并告知他们成为基督门徒意味着什么。在东南亚，我们经常对人们进行门徒培训，并成功把他们转化成基督徒。《信主培训》提供了我们一个较为温和的方法来进行门徒培训。

- 在有较密切联系的群体中锁定信徒人选。这些群体可能与你正在培训的群体之间有经济、政治、地理以及文化上的相似性。对他们进行"信主培训"，并使他们知道如何在身边的群体中触及更多亲朋好友。

- 拜访不同的研讨会和主日学校，以更好辨认未得福音之群体。

- 通常情况下神已经预选了一个群体中的领袖（只是我们没有意识到而已）。锁定那些父母之一属于你身边未得福音群体的人。通常这些人自认对未得福音之群体有责任去传教，但是不知道该如何去触及。

10. 新门徒开始培训他人时一开始应该如何做？

- 鼓励学员们按照他们所练习过的"简单敬拜模式"去做。小组一起称颂并祷告。而在学习环节，互相之间教授"信主培训"的某一课，或者讲述一个《圣经》故事，并问培训课程中提及的三个问题。

- 在"练习"环节，学员之间互相教授这部分。在研讨会期间，学员一起练习"简单敬拜"9次，这样当他们离开课堂时能够有足够的自信去建立新的门徒小组。

11. 培训师还可以在其他什么场合使用这本教材？

培训师在如下场合都曾成功使用过《信主培训》教程：

- **研讨会** - 一次研讨会最佳培训人数是24-30人。研讨会持续2天半到3天时间，根据学员的教育水平不同略有不同。

- **每周课堂** - 每周课堂最佳培训人数是10-12人。加上额外的简单敬拜时间，总共课程需要12周时间完成。一般来说，课堂设在某个人家中或者教堂内。有些培训师会开设两周一次的课，是因为他们的学员会在每次课之后的那周去培训其他人。这种课程设置方法被证实对植堂运动的效果是成倍增长的。

- **主日学校课程** - 主日学校课的最佳培训人数是8-12人。因为培训课程时间长，"学习"环节通常会被一分为二，并分别在两个星期天的课堂上培训。每一次课上，简单敬拜是个重点，因此总的课程完成需要20周时间。

- **神学院或者圣经学校课堂** - 培训师曾经在为期一周的密集型课程，及/或福音传道或门徒课程内以每周课的形式教授《信主培训》课程。

- **会议** - 在会议上，如有额外的实习培训师协助来解决学员安排以及团队问题，则一次可对多达100人的团队培训《信主培训》的基本门徒课程。

- **主日崇拜** - 在接受过《信主培训》后，牧师经常会在自己的教区教授这些课程。这样做会使得那些正在培训他人学习此课程的人们获得动力和鼓励。然而，误区在于人们常常倾向于"教授"《信主培训》课程，而不是"培训"人们。牧师们应该在主日崇拜运用这些课程时提醒人们注意这一点。在集会时牧师们应运用这个课程来使得学员们有能力去培训他人。

- **传教士会谈** - 传教士们可以与他们的支持者们分享他们是如何以可实践的方法来培训全国的人们的。支持者们经常会谈到他们能够以简单的方法学会去效仿耶稣是一件多么令人兴奋的事情，以及他们的传教士是如何在实战中去工作的。

- **辅导** - 有些培训师会运用部分的教材来在某些适合的时刻去辅导领导型学员。由于《信主培训》是全面整体的教材（各部分之间互相解释并增强含义），培训师可以在培训的任何一个节点开始此类辅导，而且可以确保学员还是能够获得效仿耶稣的全面8幅画像。

12. 如果有完全没有受过教育或者是只受过一点教育的人来参加这个培训，我该怎么做？

在此我们要分享一些关于这个问题的故事了！我们必须解决这样的问题。我记得很清楚，在泰国我们组织过一次培训，参加者大部分都是来自北方山区部落的妇女。在当地文化中，妇女在青少年期之前是被禁止学习阅读和书写的，当然，这就意味着她们大多数人终生都不会读写。

在常见的培训设置中，妇女都是默默坐在一边听，而主要的 学习者是男人们。然而，因我们的《信主培训》教程简单容易上手，在当时为期三天的培训中所有妇女都参与了培训。在培训期间我们要求其中一个会读的妇女大声朗读《圣经》经文（而不是所有人一起朗读）并把那些妇女分成5-6人一组（而不是两人组）。在三天的培训过程中那些妇女数次留下了欣悦的眼泪，她们感叹说："现在我们终于学会了一些东西，可以去教给别人了。"

附录三

备忘清单

培训前

- **招募一个祷告小组** - 招募一个12人的祷告小组，在培训周开始前及培训周期间为学员祷告。这一点非常重要！

- **招募一个实习培训师** - 招募一个实习培训师来和你一起教学，此人应是之前参加过《信主培训-培养纯粹的门徒》培训课程的人。

- **邀请成员** - 以符合当地文化习俗的方式邀请参与者，比如发邀请函、写信等等。"培养纯粹的门徒"教程最适合的研讨会参加人数是24-30人。如果你有数个实习培训师能协助你，则规模可以扩大到100人每次。"培养纯粹的门徒"教程也非常适用于每周一次的3人及以上的小型集会。

- **确认会务安排** - 安排学员所需的住宿、餐点以及交通接送。

- **确保研讨会场地** - 安排一个会议房间，后排有两张桌子可随时使用。学员们的座位以圈形安排好，并留出足够的空间供培训期间活动使用。如可行的话，在地板上铺设地毯比设置圈形座椅更好。每天课程中安排两次休息时间，供应咖啡、茶和点心。

- **收集培训材料** - 准备《圣经》、白板和记录纸及马克笔、学员笔记、组长笔记、并为每个学员画《使徒行传》中29

章地图准备一张大的白色海报纸，以及一些彩色笔或蜡笔、笔记本（跟学校里用的差不多）、水笔及铅笔等。

- **安排敬拜时间** – 此环节需为每个学员准备一些空白歌谱或是合唱歌本。如果可能的话在学员中间找一个会弹吉他的并请他/她帮助你。每节课的课题就是该环节的歌曲选择的提示。

- **准备学习道具** – 准备一个气球、一个水壶，以及一些竞赛用的小奖品。

培训中

- **保持灵活性** – 按计划进行课程，但是保持一定灵活性，以随时听从神的旨意。

- **压力练习及询问环节** – 确保在你培训之后，学员们互相之间练习培训此相关课程。如果没有必要的练习，学员们不会有信心去教授他人。即使把课程缩短也不要砍掉练习时间。练习和询问环节是确保培训课程可复制性的关键因素。

- **让每个人都有机会带领别人** – 在每节课结束时找不同的学员来祷告。这样，在整个课程结束后，每个学员至少有过一次在课程收尾部分带头祷告的经历。学员们同时也要在小组时间轮流带领简单敬拜的各个环节。

- **辨认并鼓励每个学员的不同天赋** – 鼓励学员在培训过程中运用他们的不同天赋。列出学员以及他们各自可在培训中使用的才能：音乐、交际、祷告、教学、幽默、服务等等。

- **回顾、回顾、回顾** - 不要省略在每课开始时的回顾环节。在培训课程结束时，每个学员都要能够记住所有的问题、答案以及手势。提醒学员们去互相培训，就像你培训他们一样。他们在培训别人时每次也要做相同的回顾环节。

- **准备评估** - 每节课上都做记录，记下学员们不懂的地方以及他们可能会问你的问题。这些笔记能够在后面的评估环节帮到你及你的实习培训师。

- **不要跳过简单敬拜时间** - 简单敬拜是培训过程不可分割的一个环节。学员们渐渐学会更有自信地带领简单敬拜时间，则他们在培训后更有信心去培训别人。

培训后

- **和你的实习培训师一起评估本次培训的方方面面** - 和你的实习培训师一起回顾和评估本次培训。写出好的方面和不足之处。制定下次培训的改进计划。

- **为后面的培训寻找有潜力的实习培训师** - 找2-3个在培训期间显示出领袖潜质的学员，为后面的《培养纯粹的门徒》课程做实习培训师。

- **鼓励学员下次带领朋友来参与** - 鼓励学员下次参加时能够带朋友一起前来。这是一个有效的方法来凝聚越来越多的人参与培训他人。

计划

运用此教学手册来促进一个三天的研讨会或是为期十二周的培训课程。无论采用哪种教学计划,每一节课用时大约是1个半小时,同时请运用21页上的"培训培训师"的相关内容。

基础门徒培训 - 三天制

	第一天	第二天	第三天
8:30	简单敬拜	简单敬拜	简单敬拜
9:00	欢迎	遵从	撒种
10:15	休息	休息	休息
10:30	倍增	前行	效仿
12:00	午餐	午餐	午餐
1:00	简单敬拜	简单敬拜	简单敬拜
1:30	爱	去向	行动
3:00	休息	休息	
3:30	祷告	分享	
5:00	晚餐	晚餐	

基础门徒培训 - 每周制

第一周	欢迎 简单敬拜	第七周	前行
第二周	倍增	第八周	简单敬拜
第三周	爱	第九周	去向
第四周	简单敬拜	第十周	分享
第五周	祷告	第十一周	效仿
第六周	遵从	第十二周	行动

www.ingramcontent.com/pod-product-compliance
Lightning Source LLC
Chambersburg PA
CBHW071504040426
42444CB00008B/1493